长江经济带制造业集聚水平及其效应研究

叶云岭◎著

The Agglomeration Level and Effect of
Manufacturing Industry in
Yangtze River Economic Belt

经济管理出版社

ECONOMY & MANAGEMENT PUBLISHING HOUSE

图书在版编目（CIP）数据

长江经济带制造业集聚水平及其效应研究/叶云岭著 . —北京：经济管理出版社，2023.8
ISBN 978-7-5096-9196-0

Ⅰ.①长… Ⅱ.①叶… Ⅲ.①长江经济带—制造工业—经济发展水平—研究 Ⅳ.①F426.4

中国国家版本馆 CIP 数据核字（2023）第 158354 号

责任编辑：胡　茜
助理编辑：姜玉满
责任印制：黄章平
责任校对：张晓燕

出版发行：经济管理出版社
　　　　　（北京市海淀区北蜂窝 8 号中雅大厦 A 座 11 层　100038）
网　　址：www. E-mp. com. cn
电　　话：（010）51915602
印　　刷：唐山玺诚印务有限公司
经　　销：新华书店
开　　本：720mm×1000mm/16
印　　张：13.25
字　　数：208 千字
版　　次：2023 年 8 月第 1 版　　2023 年 8 月第 1 次印刷
书　　号：ISBN 978-7-5096-9196-0
定　　价：79.00 元

前　言

　　制造业是各个国家获取竞争优势的重要源泉。长江经济带作为中国制造业重要集聚区，加快制造业合理集聚、推动制造业高质量发展是长江经济带高质量发展的应有之义。鉴于创新驱动发展与生态环境保护是长江经济带高质量发展的主题，衍生出以下问题：长江经济带制造业集聚水平如何？制造业集聚对区域创新具有怎样的影响？制造业集聚对环境质量发挥什么作用？制造业集聚、区域创新、环境质量三者具有怎样的关系？为回应上述问题，本书首先引出长江经济带制造业集聚及制造业集聚的创新效应、制造业集聚的环境效应等议题的现实背景与理论意义；从产业集聚理论、制造业集聚水平测度、制造业集聚水平影响因素、制造业集聚效应四个方面系统梳理学术界相关研究成果；从长江经济带制造业集聚水平影响因素的理论分析、长江经济带制造业集聚影响区域创新的理论分析、长江经济带制造业集聚影响环境质量的理论分析三个方面构建本书的理论框架与研究假说。在特征事实研究部分，研判长江经济带制造业发展规模与结构特征、世界级制造业集群发展概况；采用区位商、空间基尼系数方法测度长江经济带分区域、分行业制造业集聚水平，描绘长江经济带制造业集聚水平的时空演变特征。在实证检验部分，根据相关理论基础分析长江经济带制造业集聚影响因素的理论机制，选用空间计量模型实证研究长江经济带制造业集聚的影响因素；分析制造业集聚对区域创新、制造业集聚对环境质量的影响机理，选用 SDM 模型、中介效应模型、门槛回归模型等工具实证研究长江经济带制造业集聚的创新效应与环境效应，并探究制造业集聚、区域创新与环境质量之间的关系。最后，基于理论分析与实证研究结果，提出加快推动长江经济带制造业高质量发展的对策建议。

目　录

第一章 绪 论

制造业是实体经济的基础，制造业高质量发展是推动经济高质量发展的应有之义。长江经济带是中国制造业重要集聚区，有必要科学研判长江经济带制造业发展现状，刻画制造业集聚水平时空演变特征，探究制造业集聚的主要影响因素。创新驱动发展与生态环境保护是长江经济带高质量发展的主题，有必要进一步探究制造业集聚的创新效应与环境效应。本章旨在阐述本书的研究背景与意义，研究思路、内容与方法，构造长江经济带制造业集聚水平及其效应总体研究框架。

第一节 选题背景与研究意义

一、选题背景

1. 现实背景

党的二十大报告指出加快建设制造强国，推动制造业高端化、智能化、绿色化发展，为制造业发展进一步指明了方向。党的十八大以来，国家先后出台了一系列政策文本大力推动制造业高质量发展。《中华人民共和国国民经济和社会发展第十四个五年规划和2035年远景目标纲要》指出要保持制造业比重基本稳定，增强制造业竞争优势，推动制造业高质量发展。《"十四五"工业绿色发展规划》提出实施绿色技术创新攻关行动，培育制造业绿色竞争新优势。

随着中国制造业更加深刻地参与世界制造业分工，制造业发展取得巨大成就。中国制造业总体实力较强，在国际产业链和国际供应链中占据重要环节。中国成为具有重要影响力的制造业大国，并形成了门类齐全的制造业基础体系。一是中国制造业规模不断壮大，2022年，中国制造业增加值33.5万亿元，占全球比重达30%，连续13年稳居世界首位；二是中国制造业创新水平显著提升，传统制造业改造升级步伐正在加快，新兴制造业从跟跑转变为并跑和领跑；三是制造业绿色发展水平全面提升，生产方式绿色低碳转型取得显著成效，绿色低碳技术装备广泛应用。然而，随着世界分工争夺战演变更加剧烈，制造业已经成为发达国家与发展中经济体共同发力角逐的重要战场。美国、德国、英国、日本等一些发达国家陆续颁布实施"重振制造业"计划，重塑制造业竞争新优势；此外，发展中国家和新兴经济体依托其低廉的劳动力和资源要素成本优势，大力承接国际制造业转移，更加积极地参与国际制造业分工。这种发达国家和发展中经济体"前堵后追"的双向挤压局面导致中国制造业发展外部环境正面临深刻复杂变化。

长江经济带制造业是中国制造业高质量发展的排头兵，在中国制造业发展格局中占据主导地位，电子信息、装备制造、有色金属制造和纺织服装等制造业规模占全国比重超过一半。长江经济带在制造业领域涌现了一批具有国际影响力的重大创新成果，一批具有国际竞争力的制造业不断发展壮大，成为其创新发展的重要引擎。长江经济带绿色制造工程深入推进，传统制造业改造升级步伐不断加快，制造业向绿色化稳步迈进。然而，长江经济带制造业发展也存在一些突出问题：一是在制造业集聚发展方面，长江经济带制造业组织结构较为松散，上中下游之间联动严重不足，同质化、重复建设问题突出。大量制造业企业长期依赖要素成本优势打价格战，致使制造业产品附加值较低，高技术制造业集聚水平有待提升，有待形成差别化、梯度衔接的协同发展局面。二是在制造业创新发展方面，长江经济带制造业在核心技术、关键工艺和重大技术装备等领域还存在着较多瓶颈，制造业企业自主创新水平较弱，从"0 到 1"的重大原创性成果缺乏，关键核心技术与高端装备对外依存度高，关键核心技术受制于人。三是在制造业绿色发展方面，长江经济带制造业以制造加工为主，传统制造业低水平产能过剩和高污染制造业占比较高等问题依然存在，导致制造业的环境污染问题仍然较为严重，这种长期依赖"高投资、高能耗、高污染"的传统制造业发展路径降低了长江经济带经济发展质量，导致环境污染历史欠账较多，经济发展与生态保护难以实现协调统一。

2020 年 11 月 14 日，习近平总书记在全面推动长江经济带发展座谈会上明确指出长江经济带的战略举措之一就是要打造具有国际竞争力的先进制造业集群，打造自主可控、安全高效并为全国服务的产业链供应链。中国积极谋划布局制造业，制定出台一系列关于加快制造业高质量发展的规划与政策文本。2016 年出台的《长江经济带创新驱动产业转型升级方案》提出要实现由要素驱动向创新驱动转变，突破一批关键核心技术，形成若干世界级产业集群和具有国际先进水平的产业基础，打造一批创新型领军企业，制造业在全球价值链中的整体地位大幅提升。2017 年印发的《关于加强长江经济带工业绿色发展的指导意见》提出加快传统制造业绿色化改造升级，不断提高资源能源利用效率和清洁生产水平，引领长江经济带工业绿色发展。长江经济带沿线 11 个省份也陆续出台一系列政策和规划推动制造业高质量发展。上海提出要提升大数据、人工智能等新一代信息技术与制造业融合发展水平，打造世界级制造业集群，加快建设国际高端智造中心和全球卓越制造基地。江苏规划推进钢铁、石化、印染等行业清洁化改造和入园集聚发展，重点发展高端纺织、前沿新材料、生物医药、集成电路等。浙江积极布局生物工程、量子信息、柔性电子、航空航天、新材料等先进制造业，建设未来制造业先导区。安徽提出培育发展智能家电、新型显示、芯片、新能源汽车、工业机器人和人工智能等先进制造业集群。江西重点提升发展有色金属、石油化工、钢铁、汽车及零部件、纺织等制造业，培育新技术、新业态、新模式、新产业，提高制造业"含新量""含绿量"。湖南提出打造工程机械、轨道交通、航空动力三大具有全球影响力的产业集群，着重发展电子信息、先进材料、智能和新能源汽车、生物轻纺、智能装备等产业。湖北重点培育集成电路、新一代信息技术、航天航空等制造业。重庆将电子信息、汽车摩托车作为制造业主要支柱。四川重点培育信息技术产业、装备制造、节能环保产业等。贵州发展新一代信息技术、智能装备、生物医药等，推进绿色产品、绿色工厂、绿色园区发展。云南提出加快烟草、生物制药、石化化工、有色金属、食品等制造业企业数字化改造。综观国家和长江经济带沿线各省份关于长江经济带制造业发展的相关政策措施，可以发现，长江经济带制造业重点发展方向是稳步提升制造业集聚水平，优化制造业布局，继续保持制造业发展的总体规模优势与增长速度优势，规避制造业空心化等不确定性经济风险，在扩大制造业产能过程中逐渐提升制造业质量，加快制造业质量、动力、效率三大变革，在保持制造业比重基本稳定的同时提高制造业效率，促进制造业全要素生产率、制造业供给要素和供给体系质量提升，实现制造业又好又快发展。因此，在特征事实研究部分，本书着重研判长江经济带制造业发展规模与结构特征、世界级制造业集群发展概况；测度长江经济带分区域、分行业制造业集聚水平，描绘其时空演变特征。

长江经济带高质量发展关键是要坚定不移贯彻新发展理念。长江经济带是中国创新驱动发展的重要策源地，要继续贯彻"生态优先、绿色发展"这一战略定位，紧抓长江生态环境保护修复这一重点任务。可见，提升区域创新水平与加强生态环境保护是长江经济带高质量发展的主题。因此，在实证检验部分，本书聚焦长江经济带制造业集聚的创新效应与环境效应，探讨制造业集聚对区域创新的影响、制造业集聚对环境质量的影响，以及制造业集聚、区域创新、环境质量三者之间的关系，以期为长江经济带加快发展成为创新驱动带和生态文明示范带提供现实依据。

综上所述，本书科学研判长江经济带制造业发展现状，测度长江经济带制造业集聚水平，探讨长江经济带制造业集聚的影响因素，重点关注制造业集聚的创新效应与环境效应研究，对于把握制造业发展现状、制定科学有效的制造业发展政策规划具有重大借鉴价值。

2. 理论背景

产业集聚问题是学术界持续关注的前沿热点话题。新古典经济学创始人马歇尔提出外部经济理论，认为外部规模经济是产业集聚产生的主要原因。新经济地理学创始人克鲁格曼所提出的"中心—外围"理论着重探讨了产业集聚与商品贸易、要素流动的关系。波特的"钻石模型"考察了国际竞争力对产业集聚和产业集群的作用。关于制造业集聚的影响因素研究，学术界基于共享、匹配和学习三种产业集聚的微观机制，研究发现资源禀赋、人力资本、政府干预、开放水平、交通基础设施等是影响制造业集聚的重要因素（纪玉俊、王培顺，2012；赵儒煜、侯一明，2015；谢里、张敬斌，2016；吴传清、邓明亮，2018；韩清等，2020）。事实上，长江经济带制造业集聚水平取决于多方面因素，有待进行更加全面的探究。

当前，学术界关于制造业集聚效应的研究主要集中于制造业集聚的规模经济效应、范围经济效应、经济增长效应、节能减排效应、人才集聚效应、示范效应、创新效应、环境效应、绿色经济效应、就业效应、经济福利效应、资源配置效应等。长江经济带作为中国创新驱动发展的重要策源地和"生态优先、绿色发展"的示范区，其高质量发展的主题为坚定不移地贯彻新发展理念，提升区域创新水平，紧抓长江生态环境保护修复，加强生态环境保护。因此，本书聚焦长江经济带制造业集聚的创新效应与环境效应，探讨制造业集聚对区域创新的影响、制造业集聚对环境质量的影响，以及制造业集聚、区域创新、环境质量三者之间的关系，以期为长江经济带加快发展成为创新驱动带和生态文明示范带提供理论依据。关于制造业集聚与区域创新之间的关系，一些学者发现制造业集聚与区域创新呈现为正向的线性关系，制造业集聚能够促进创新水平提升（刘军、段会娟，2015；程中华、刘军，2015；黄小勇、刘斌斌，2020）；另一些学者研究发现制造业集聚与区域创新之间呈现为非线性的关系（李沙沙、尤文龙，2018）。虽然学术界关于制造业集聚与区域创新之间的关系展开了大量深入研究，然而关于长江经济带制造业集聚与区域创新之间的关系尚未形成系统的研究成果，有待进一步加深和拓展。关于制造业集聚与环境质量的关系，环境库兹涅茨曲线（EKC）描绘了生态环境与经济发展之间的关系为倒"U"形，表明随着经济增长，生态环境首先表现为恶化，但会随着经济进一步增长而表现为改善（Grossman & Krueger，1991）。学术界大量研究发现制造业集聚会引起环境负外部性，即制造业集聚会对环境质量产生抑制作用（赵海霞等，2012；张可、豆建民，2013；周锐波、石思文，2018），但也有学者认为制造业集聚所带来的绿色技术创新等效应对环境质量的改善具有积极作用（闫逢柱等，2011）。大量学术研究发现制造业集聚与环境质量并非简单的线性关系，可能会表现出"U"形、倒"U"形、"N"形等关系（邵帅等，2019）。可见，已有研究关于制造业集聚与环境质量的关系仍未达成一致意见。此外，学术界较少将制造业集聚、区域创新、环境质量放到统一的框架下进行研究，探究区域创新在制造业集聚与环境质量两者之间的关系，对于三者之间的关系有待形成系统认识。

综上所述，有必要在描绘制造业集聚水平时空演变特征的基础上，全面分析制造业集聚的影响因素，探讨制造业集聚与区域创新的关系、制造业集聚与环境质量的关系，并揭示制造业集聚、区域创新、环境质量三者之间可能存在的内在关系。

二、研究意义

1. 理论意义

本书综合运用多学科理论与方法，选取长江经济带这一典型样本，刻画制造业集聚水平的时空演变特征，剖析影响制造业集聚水平的主要因素，探究制造业集聚的创新效应与环境效应。本书边际贡献主要有以下几点：一是现有关于长江经济带制造业集聚问题的研究大多基于制造业整体行业尺度，得出的研究结论较为宏观，缺乏中观和微观层面的分析，本书将制造业集聚水平测度分析进一步细化至轻纺工业、资源加工工业、装备制造业等细分行业，有助于更好地把握长江经济带分行业制造业集聚水平。二是本书在总结大量文献和理论分析的基础上较为全面地分析了长江经济带制造业集聚的影响因素，以期为长江经济带制造业集聚发展提供更加精准的政策依据。三是紧扣长江经济带创新驱动发展与生态环境保护主题，在长江经济带制造业集聚的众多效应中选取创新效应与环境效应作为研究焦点，继而探究制造业集聚与区域创新的关系、制造业集聚与环境质量的关系，并将制造业集聚、区域创新、环境质量纳入同一个研究框架，将区域创新作为制造业集聚影响环境质量的中介变量和门槛变量，探讨制造业集聚、区域创新、环境质量三者之间的内在关系。

2. 现实意义

长江经济带是中国制造业发展的主战场，准确把握长江经济带制造业发展现状，切实推动制造业高质量发展，首先要回应以下议题：长江经济带制造业发展现状如何？制造业集聚水平如何？制造业集聚的影响因素有哪些？推动长江经济带高质量发展关键是要坚定不移地贯彻新发展理念，其中，提升区域创新水平与加强生态环境保护是长江经济带发展的主旋律。那么，制造业集聚能否促进长江经济带区域创新水平的提高？制造业集聚是否能改善长江经济带环境质量？深刻回答以上问题将为长江经济带制造业高质量发展提供路径参考。因此，本书在刻画长江经济带制造业集聚水平时空演变特征的基础上，分析影响长江经济带制造业集聚水平的主要因素，聚焦制造业集聚的创新效应与环境效应，以长江经济带108个地级及以上城市为研究对象，探究制造业集聚对区域创新的影响、制造业集聚对环境质量的影响以及三者之间的关系，从而提炼推动长江经济带制造业高质量发展的对策建议，为制定精准有效的政策规划提供现实依据。

第二节　研究思路、内容与方法

一、研究思路

首先，本书基于现实背景和理论背景提出长江经济带制造业集聚水平及其效应研究选题。在系统梳理学术界相关研究成果与研究进展的基础上，把握该领域学术前沿和研究缺口，明确本书的研究起点与可能的边际贡献。

其次，科学研判长江经济带制造业发展规模与结构特征、世界级制造业集群发展概况。采用区位商、空间基尼系数方法测度长江经济带分区域、分行业制造业集聚水平，分析长江经济带制造业集聚水平的时空演化特征。根据制造业集聚相关理论基础构建更为全面的长江经济带制造业集聚影响因素理论分析框架，采用固定效应模型、空间计量模型等工具实证研究影响长江经济带制造业集聚水平的因素。

再次，紧扣长江经济带创新驱动发展与生态环境保护这两个重要议题，聚焦制造业集聚的创新效应与环境效应，分析制造业集聚对区域创新、制造业集聚对环境质量的影响机理，以长江经济带108个地级及以上城市为研究对象，采用固定效应模型、空间计量模型、门槛回归模型等工具实证研究制造业集聚与区域创新、环境质量的关系，并将三者纳入同一个分析框架，探究区域创新在制造业集聚和环境质量之间可能存在的中介效应和门槛效应。

最后，阐述本书研究结论，通过归纳总结本书理论分析与实证研究结果，提出加快推动长江经济带制造业高质量发展的可行路径。

二、研究内容

第一章绪论。从理论与现实两个维度阐明本书的选题背景与研究意义，明确本书研究的重点，即研判长江经济带制造业发展现状，描绘制造业集聚水平的时空演变特征，探讨制造业集聚的影响因素，并紧扣长江经济带创新驱动发展与生态环境保护主题，将制造业集聚的效应聚焦为创新效应与环境效应，进而阐述本书的研究思路、内容与方法。

第二章相关研究文献综述。从产业集聚、制造业集聚的测度方法、制造业集聚的影响因素、制造业集聚的效应等方面系统梳理学术界相关研究成果。在此基础上把握该领域学术前沿以及存在的研究空间，明确本书的研究起点与可能的边际贡献。

第三章理论框架与研究假说。首先，提出长江经济带制造业集聚影响因素的理论框架与研究假说。其次，紧扣长江经济带创新驱动发展这一议题，构建长江经济带制造业集聚影响区域创新的理论分析框架并提出研究假说。最后，围绕长江经济带生态环境保护主题，将区域创新作为中介变量，构建长江经济带制造业集聚影响环境质量的理论分析框架并提出研究假说。

第四章长江经济带制造业发展现状研判。从制造业企业主营业务收入、制造业企业资产总计、制造业企业利润总额三方面研判长江经济带制造业发展规模。从制造业同构性、制造业结构合理化、制造业结构高级化三方面探析长江经济带制造业结构特征。分析长江经济带电子信息、高端装备、汽车、家电、纺织服装五大世界级制造业集群发展概况。

第五章长江经济带制造业集聚水平时空演变特征及影响因素研究。采用长江经济带108个地级及以上城市面板数据，运用区位商、空间基尼系数方法测算长江经济带分区域、分行业的制造业集聚水平，从空间特征与行业特征两个维度描绘长江经济带制造业集聚水平演变特征。在此基础上，选用固定效应模型、空间计量模型等研究工具，探究长江经济带制造业集聚是否具有空间溢出效应，探讨哪些变量是影响长江经济带制造业集聚水平的主要因素。

第六章长江经济带制造业集聚的创新效应研究。以长江经济带 108 个地级及以上城市为研究对象，采用固定效应模型、空间计量模型、门槛回归模型等工具，实证检验区域创新是否存在空间溢出效应，制造业集聚对区域创新的影响及其可能存在的中介效应与门槛效应。

第七章长江经济带制造业集聚的环境效应研究。以长江经济带 108 个地级及以上城市为研究对象，采用固定效应模型、空间计量模型、门槛回归模型等工具，实证检验环境质量是否存在空间溢出效应，制造业集聚对环境质量的影响及其可能存在的门槛效应，探究区域创新在制造业集聚与环境质量之间是否存在中介效应。

第八章研究结论与政策启示。基于理论分析与实证研究结果归纳总结长江经济带制造业集聚水平及其效应研究的相关结论，为加快推动长江经济带制造业高质量发展提供切实可行的对策建议。

三、研究方法

（1）文献分析法。通过全面梳理学术界已有研究成果，厘清产业集聚、制造业集聚测度方法、制造业集聚影响因素、制造业集聚的创新效应、制造业集聚的环境效应相关文献综述以及长江经济带制造业集聚相关研究进展，从而明确本书的研究起点。通过梳理学术界关于制造业集聚问题的研究维度、研究内容、研究热点，构建本书的研究框架，确定计量模型，从而明确研究内容与研究方法，明晰本书的边际学术贡献。

（2）比较研究法。在文献述评与评估方法选择部分，通过归纳具有代表性的观点与评估方法，比较各类观点和方法之间的相似性或相异程度，探求该领域的普遍规律与合适方法，为本书研究提供最优选择。在理论分析与研究假设部分，将本书的理论分析结果与其他学者通过数理模型和逻辑推演所得出的相关研究结论进行比较，验证本书理论分析的科学性。在实证研究与实证检验部分，将长江经济带上中下游地区、各省份、各城市之间进行对比分析，分析制造业集聚水平、制造业集聚影响因素、制造业集聚的创新效应与环境效应在各地区之间的差异性。

（3）统计分析法。在长江经济带制造业集聚水平时空演变特征研究部分，充分搜集省级和地级市相关统计数据，采用区位商、空间基尼系数等方法测度长江经济带分区域、分行业制造业集聚水平。采用固定效应模型、门槛回归模型、空间计量模型等工具实证研究长江经济带制造业集聚与区域创新、制造业集聚与环境质量之间可能存在的空间溢出效应与门槛效应，以及长江经济带制造业集聚、区域创新、环境质量之间的关系。

第二章 相关研究文献综述

学术界对产业集聚理论、制造业集聚水平测度、制造业集聚影响因素、制造业集聚效应展开了大量丰富研究。本章从产业集聚相关理论、制造业集聚水平的测度方法、制造业集聚水平的影响因素、制造业集聚效应等方面系统梳理学术界相关研究成果，从而明晰所存在的研究空间与本书的研究起点。

第一节 产业集聚相关文献综述

产业集聚相关理论可以溯源至亚当·斯密的分工理论。产业集聚是指伴随着生产要素持续向某一地区集中，相关产业在特定的地理空间上不断集中的动态过程。学术界对产业集聚的理论展开了长期研究并形成了丰硕成果。产业集聚可以分为多样化集聚和专业化集聚两种类型。多样化集聚是指不同行业的企业集聚，相应地，专业化集聚则是指相同行业的企业集聚（Marshall，1890；Jacobs，1969）。在此基础上，学术界进一步将多样化集聚划分为相关多样化集聚和无关多样化集聚（Frenken et al.，2007），相关多样化集聚指存在技术相关性的多样化集聚，而无关多样化集聚特指不存在技术替代性或互补性的多样化集聚。

古典区位论假设市场完全竞争、区位主体单一且要素固定，研究单个主体选择最优区位决策的方法，这一学说的主要代表性经济学家有冯·杜能（Thunen）、威廉·劳恩哈特（William Launhardt）、阿尔弗雷德·韦伯（Alfred Weber）、胡佛（Hoover）、沃尔特·克里斯塔勒（Christaller）和廖什（Lösch）等，相关研究成果主要有以下几个方面：一是农业区位论。Thunen（1826）在其著作《孤立国同农业和国民经济的关系》中首创农业区位论的概念，认为距离是影响农场经营生产的主要因素。在固定成本条件下，离市中心越近，产品的运费越低，农场主利润越高，从而扩大生产规模。总而言之，农场增加的投入必须满足价格与边际成本之差大于运输成本这一条件。二是工业区位论。Launhardt（1900）认为工业企业区位最优位置在其运输成本最小的地方，而运输成本也成为影响工业企业集聚的关键因素。Weber（1909）首倡工业区位论，指出运输费用成本对工业区位决策具有决定性作用。Hoover（1948）进一步将集聚经济划分为本地化经济、城市化经济两大类别，本地化经济反映的是某单一产业在特定区域的集聚，城市化经济反映产业在城市范围内的多样化集聚，前后关联及垂直关联产业共同集聚是城市集聚经济的组成要素。三是中心地理论。"中心地"概念由 Christaller（1933）首次提出，特指向周围地区提供各种商贸、物流等服务的核心枢纽地区，这种提供货物和服务的能力水平决定了中心地的等级，即"中心度"。要提高产业集聚水平以提升生产流通效率和更好地发挥市场结构优势，就必须遵循市场原则、交通原则和行政原则，促进形成以城市为中心、多个区域协调发展的中心地空间分布形态。四是市场区位论。Lösch（1939）提出市场区位论，认为经济区的分布只是表面上看起来紊乱而实则存在秩序。将一般均衡理论应用于地理空间，以企业最大化追求经济利益为假定前提，探究企业区位选择的决定性因素，研究发现企业与市场的地理距离是其关键。在古典区位论基础上，学者们加强对区域经济运行的动态性和整体性进行研究从而提出了现代区位论。美国经济学家艾萨德（Isard，1956，1960）利用宏观均衡方法将古典区位论动态化和综合化，把古典区位论针对某一特殊产业部分的区位选择理论推广至整个地区的经济决策，将区位决策由抽象的理论分析发展为直观且应用性较强的模型研究。

新古典主义经济学家马歇尔（Marshall，1890）提出"产业区"这一概念，并界定了内部规模经济和外部规模经济，认为产业集聚是外部规模经济作用的结果。通过考察大量在劳动分工中密切联系且具有类似性质的中小企业，他认为气候、资源禀赋和地理运输是影响产业集聚的重要因素。当产业集聚程度较高时，劳动力市场专业化、中间产品市场化、交通便利化等优势将得到发挥，从而形成产业集聚区。马歇尔认为产业集聚的条件是创新的环境、配套的产业、充足的劳动力供给、企业的劳动力需求、区域经济增长、顾客的便利。可以概括为以下三个方面：一是完备的劳动力市场。具备专业技术的劳动力集中在特定的空间范围内，可以形成劳动力蓄水池，为企业生产提供所需劳动力。二是完善的中间产品市场。完善的中间产品市场可为企业提供其生产所需的中间投入品，降低企业生产成本，形成产业配套。三是技术溢出效应。企业汲取新思想、新知识、新技术及新的管理理念，进而为企业生产经营提供动能。这不仅可以提高本地区企业的劳动生产率，还可以通过技术溢出效应来带动邻近地区企业生产效率提升。

克鲁格曼（Krugman，1991）在迪克西特·斯蒂格利茨垄断竞争模型（D-S模型）基础上，将运输成本引入模型，进而构建出"中心—外围"模型，阐述了产业集聚是企业规模报酬递增、生产要素流动、运输成本降低的结果，进而形成产业集聚与经济增长的正反馈机制，促进地区经济发展。经济集聚程度越高，不同产业的空间关联程度越强，则规模经济效应越明显。假设两个地区初始条件完全一致，由于贸易成本变化与各种类型生产要素不断流动，工业将在某特定地区集中，从而这一地区发展为中心地区，而另一地区发展成为只有农业的外围地区。瓦尔兹（Walz，1996）研究发现区域经济的一体化发展有助于单一产业或相关产业在特定区域集中，且这种经济效益主要得益于规模报酬递增和劳动生产率的提高。藤田昌久和莫瑞（Fujita & Mori，1996）探讨不同制造业运输成本与相应规模经济的差异，实证研究发现随着经济发展阶段的演进，经济系统会自发形成某特定的中心体系。Fujita等（2001）基于D-S模型探究产业集聚现象产生的原因，研究发现产业集聚水平取决于本地市场效应、生活成本效应、市场挤出效应的影响大小，有效弥补以往研究将完全市场竞争和规模效益固定作为研究假设前提这一缺陷。维纳布尔斯（Venables，1996）研究发现如果某一地区较为封闭，将会阻碍生产要素自由流动，则中间投入品也会受到运输距离成本等因素影响。在此情况下，制造业集聚水平较高的地区可能由于拥有较高水平的交通基础设施而获取运输成本优势，从而加快区域经济一体化进程。

迈克尔·波特（Porter，1990）创新性地从竞争优势这一视角对产业集聚问题展开细致剖析。他提出产业集群这一概念，认为产业集群是产业集聚的高级形态。他将生产要素条件、相关支撑产业等设定为主要因素构建"钻石模型"这一动态系统，阐释高度本土化产业集群现象，并认为国家竞争优势来源于更加微观的企业层面，用企业竞争力可以较好地表征国家竞争优势。该理论基于波特多年对企业战略和商业环境的案例研究，为研究产业集聚和产业集群问题提供了新的视角。

国内最早对产业集聚问题展开系统研究的著作是仇保兴（1999）的《小企业集群研究》，该书围绕小型企业集聚的内外动因进行探究，认为产业集聚特指介于市场组织与层级组织之间的一种中间性组织。王缉慈等（2001）在《创新的空间：企业集群与区域发展》一书中系统阐述古典区域论、新经济地理学等相关理论对产业集聚现象的描述，解释产业集聚与产业集群两者之间的区别和联系，并剖析大量国内外产业集群典型案例，为产业集聚与产业集群相关理论发展做出重要贡献。

上述学者为产业集聚这一议题奠定了较为坚实的研究基础。通过梳理上述文献可以发现，从产业集聚的研究对象来看，可大致分为农业集聚、工业集聚、服务业集聚，其中工业集聚相关研究成果最多，尤其聚焦于制造业集聚相关研究，较少涉及农业集聚相关研究。从产业集聚的研究议题来看，学术界相关成果主要集中于产业集聚水平测度、产业集聚影响因素、产业集聚效应等。

第二节 制造业集聚水平测度相关文献综述

一、制造业集聚水平测度方法

研究制造业集聚问题首先要着眼于如何测量制造业的空间集聚程度。目前学术界关于产业集聚水平的测度方法主要有区位商（LQ）、空间基尼系数（Gini）、赫芬达尔—赫希曼指数（HHI）、E-G 指数、DO 指数等。制造业集聚测度方法的精确性和有效性与行业层级、空间尺度选择等息息相关，一般而言，行业层次越细、研究尺度越微观，所测度的结果则越精准（贺灿飞，2009；范剑勇，2013；谢静、高英，2017）。本书对学术界关于产业集聚测度常用方法进行梳理总结，将其总结为基于经济活动总体分布的测度方法、基于企业地理位置的测度方法两类。

1. 基于经济活动总体分布的测度方法

基于经济活动总体分布的测度方法在衡量某一产业在某区域空间集中程度时，一般根据个体在总体空间分布中所占比重来构造产业集聚水平指数。已有研究大多选用区位商、空间基尼系数等测度方法，利用某行政单元某一产业的产值、就业人数等统计数据来评估这一产业在此行政单元的发展规模。

（1）区位商方法。区位商指数（Chorley & Haggett，1965）采用地区某一产业占全国比例与该地区所有行业占全国比例进行比较，可以相对明显地看出地区产业的比较优势（Feldman，1994）。区位商是计算区域产业比较优势的常用指标，主要用于反映某产业或者各个产业部门在特定区域的专业化集聚水平。计算公式为：

$$LQ = \frac{L_{ij}}{L_j} \bigg/ \frac{L_i}{L} \tag{2-1}$$

在式（2-1）中，LQ 为区位商或专业化率；L 为区域内某产业的就业人数或者产值。其中，LQ 值越大，则代表这一产业部门专业化程度越高；反之表明该产业部门专业化程度越低。如果 $LQ>1$，则表明该产业部门成为区域专业化部门。

区位商指数表征特定产业部门的专业化程度，选用区位商衡量地区产业集聚水平可以最大程度上消除区域规模差异，更真实地反映要素在区域的空间分布状况（周伟等，2020）。已有研究成果关于制造业集聚水平以及细分行业集聚水平测算通常选用区位商方法（文东伟、冼国明，2014；原毅军、谢荣辉，2015；杨树旺等，2018；余昀霞、王英，2019），并拓展至制造业与生产性服务业协同集聚水平测度（程中华、张立柱，2015）。区位商方法在测算制造业集聚水平上应用虽然广泛，但只能反映产业的总体地理集中程度，未能考虑企业规模差异，不能区分产业地理集中形成的原因，因此可能造成一定偏误。

（2）空间基尼系数方法。学术界根据洛伦兹曲线构造基尼系数这一指标，用以反映居民收入分配的平等程度。Keeble 和 Wever（1986）将收入分配平等程度拓展至产业空间分布均衡程度，运用基尼系数与洛伦兹曲线测算某一产业在某地区的空间分布均衡程度，以此得出空间基尼系数。公式如下：

$$G = \frac{1}{2n^2 u} \sum_{i}^{n} \sum_{j}^{n} |x_i - x_j| \tag{2-2}$$

式（2-2）中，G 代表空间基尼系数，x 代表某行业在区域工业生产总值中所占份额，G 越大代表某产业的专业化程度越高。该方法虽然便于计算，但是在实际应用过程中无法避免由于产业分异或地区分异而引起的测算误差（Fingleton，2003；贺灿飞、谢秀珍，2006；纪玉俊、王培顺，2012）。

已有文献关于空间基尼系数方法的应用主要集中于评估某一产业的空间集聚程度，且在测算产业细分行业的集聚水平上应用较为广泛。众多学者选用空间基尼系数方法测度某地区制造业集聚水平以及某制造业细分行业集聚水平（贺灿飞、谢秀珍，2006）。然而，空间基尼系数存在一定的局限性，可能因为企业规模差异、区域地理面积差异而产生误差，且无法考虑该产业拥有的企业数量。例如，某一产业空间基尼系数很高，可能仅仅因为存在一家超大规模的企业，实际并未形成产业集聚现象。

2. 基于企业地理位置的测度方法

基于经济活动总体分布的测度方法无论是区位商还是空间基尼系数，都是以特定地理范围界定经济活动空间，是对经济活动在一定范围内总体集聚程度的测度，结果一般比较宏观，并未考虑企业地理位置、规模差异等因素。一些学者对空间基尼系数进行改进，在空间基尼系数的基础上更加微观地考虑企业集聚状况，从而计算特定行业在区域内的集聚度，如赫芬达尔—赫希曼指数（HHI）、E-G 指数、DO 指数等。

（1）赫芬达尔—赫希曼指数（HHI）方法。通过赫芬达尔—赫希曼指数衡量产业集聚程度，利用某地区某一产业所拥有的企业的收入或资产占该产业总收入或总资产百分比的平方和衡量市场份额变化特征，表征企业规模的离散程度。公式表达如下：

$$H = \sum_{j=1}^{n} Z_j^2 = (X_j/X)^2 \qquad (2\text{-}3)$$

式（2-3）中，H 为产业集聚水平，X 代表市场总规模，HHI 指数方法在测算产业集聚水平、创新集聚水平、市场竞争水平中有较为广泛的应用（路江涌、陶志刚，2007；李伟娜、徐勇，2013）。然而，HHI 指数方法的局限在于其对市场份额较大的大企业反映较为充分，但对市场份额较小的中小企业反映不足，而企业市场份额取决于行业特征。因此 HHI 指数方法反映了企业规模的分布情况和市场份额的变化，却难以考量各行业之间的差异性，因而限制了其适用性。

（2）E-G 指数方法。Ellison 和 Glaeser（1997）通过改进空间基尼系数方法得到计算产业集聚程度的 E-G 指数。公式如下：

$$\gamma_{EG} = \frac{G_i - (1 - \sum_{j=1}^{n} x_j^2) H_i}{(1 - \sum_{j=1}^{n} x_j^2)(1 - H_i)} \tag{2-4}$$

式（2-4）中，n 代表研究区域的数量，x_j 代表 j 地区从事 i 行业的人员数量占全国范围内该行业从业人员总数的比重；G_i 代表空间基尼系数，用于衡量产业空间分布均衡程度；H_i 是 i 行业所对应的赫芬达尔系数，用于反映市场中该行业企业规模的离散程度。E-G 指数值越小，表明该产业分布越分散；E-G 指数值越大，则表明该产业分布越集中，呈现为"凝块状"非匀质分布。

E-G 指数可以排除企业规模对测算结果的影响，较好地考虑企业规模和区域差异因素，从行业和企业两个角度衡量产业集聚水平，还能够跨时期、跨区域地进行行业对比分析，能够较好地解决空间基尼系数所存在的误差问题，在研究中获得广泛的实际应用。众多学者采用 E-G 指数方法测算制造业集聚水平及其演化趋势（Rosenthal & Strange，2001；文东伟、冼国明，2014）。然而，E-G 指数也存在一定局限性，基于空间地理单元统计数据进行测度往往会受行政区划等诸多因素影响，且无法识别空间地理单元周边地区产业集聚程度，所得结果可能低于实际产业空间集聚水平。

（3）DO 指数方法。DO 指数方法从企业集聚这一微观视角，利用企业地理距离数据和企业地理位置信息，可以精准地反映产业在特定区域内的集聚程度（Duranton & Overman，2005）。已有研究通过获取各企业彼此间存在的地理距离，得出经济规模加权后的企业距离空间密度分布，从而测算产业集聚水平（谢静、高英，2017；韩清等，2020）。具体而言，假设某行业中存在 n 家企业，将这些企业所涉及的地理位置信息表征为相应的经纬度坐标，运用各个企业的经纬度数据计算得出企业之间的地理距离，进而计算行业内各企业间距离分布的核密度函数。具体而言，某行业内企业距离分布 d 所对应的核密度函数 $K(d)$ 表示方法如下：

$$K(d) = \frac{1}{n(n-1)h} \sum_{i=1}^{n-1} \sum_{j=i+1}^{n} f\left(\frac{d - d_{i,j}}{h}\right) \tag{2-5}$$

式（2-5）中，$d_{i,j}$ 代表企业 i、j 彼此间地理距离观测值，f 代表高斯核密度函数，h 代表平滑窗宽。为尽可能减少企业规模对产业集聚产生的影响，引入企业从业人员数量并将其设定为权重项（Behrens & Bougna，2015）。表示方法如下：

$$K^{EMP}(d) = \frac{1}{h \sum_{i=1}^{n-1} \sum_{j=i+1}^{n} (e_i + e_j)} \sum_{i=1}^{n-1} \sum_{j=i+1}^{n} (e_i + e_j) f\left(\frac{d - d_{i,j}}{h}\right) \quad (2-6)$$

最后，计算核密度函数 0 到 d^* 公里的累计密度 CDF。表示方法如下：

$$CDF(d^*) = \sum_{d=0}^{d=d^*} K^{EMP}(d) / \sum_{d=0}^{d=d} \max K^{EMP}(d) \quad (2-7)$$

DO 指数方法基于企业微观地理位置信息得到相对准确的产业集聚水平数值，可以打破来源于空间尺度选择、行政区划等问题造成的局限性，可以根据产业不同地理距离测算集聚程度。然而，DO 指数方法运用依赖于微观企业的经营状况和地理信息，要以较大数量的企业地理位置信息为基础，数据获取难度较大。因此，已有研究较少采用这一方法对产业集聚水平及演变特征进行研究（Ellison & Glaeser，1997；陈柯等，2020）。

综上所述，利用区位商方法测算制造业集聚水平所需数据易于获取且计算简便，可以消除地区由于城市规模差异所造成的误差，可以较好地表征制造业专业化程度。空间基尼系数方法所需数据易于获取，计算过程较为简便，并且可以直观反映区域之间经济发展的差异性以及产业集聚的异质性和产业空间分布状态。虽然目前学术界大多采用区位商和空间基尼系数方法来测算制造业集聚水平，但运用该方法无法区分产业地理集中形成的原因。赫芬达尔—赫希曼指数（HHI）、E-G 指数、DO 指数等方法可以规避由于不同行业企业规模差异所带来的误差，计算结果相对较为精准，能够从微观尺度揭示产业集聚的演变特征，以尽可能规避各行业之间可能存在企业规模差异所引发的误差问题，还能够体现企业集聚的变化规律（周伟等，2020）。然而，相关统计数据库较少涉及企业微观层面，研究所需数据往往需要依托技术手段测量或实地调研获取。本书考虑数据可获得性，结合长江经济带制造业发展现实，对于制造业集聚水平的测度不仅要反映制造业整体集聚水平时空分异特征，还要关注特定区域、特定行业的集聚水平特征，需要客观和丰富的统计数据作为支撑。基于此，本书为同时反映长江经济带制造业集聚的空间特征与行业特征，采用区位商和空间基尼系数方法测算其沿线省份和城市的制造业及其细分行业的集聚水平。

二、长江经济带制造业集聚水平测度方法

关于长江经济带制造业集聚水平测度研究，大部分学者都采用区位商、空间基尼系数等测度产业集聚水平（吴传清、龚晨，2015；黄庆华等，2020）。也有研究采用全局莫兰指数、偏离—份额法、核密度分析法等方法对长江经济带制造业空间分布格局进行分析（白永亮、杨扬，2019；卢丽文、宋德勇，2020）。叶云岭等（2022）采用区位商方法测度了长江经济带108个地级及以上城市制造业专业化集聚水平，采用赫芬达尔—赫希曼指数方法测度各城市制造业多样化集聚水平。学术界在测度制造业集聚水平和描绘其演化特征的基础上，采用综合赋权法等方法综合评价长江经济带总体制造业竞争力以及各地区制造业竞争力（唐承丽等，2020；杜宇等，2020）。

第三节　制造业集聚水平影响因素相关文献综述

一、产业集聚的机制

Marshall（1920）采用产业集聚概念来描述地域相近的企业或行业的集中现象并创立了外部经济理论，将产业集聚的机制归纳为技术外溢、劳动力蓄水池、中间投入品共享。Krugman（1991）在此基础上进行了拓展，将运输成本、产业关联、外部性、制度等多种因素纳入新经济地理学分析框架，更加全面地探讨产

业集聚的影响因素。Duranton 和 Puga（2004）围绕产业集聚形成的微观机制，从共享、匹配、学习三个方面对产业集聚的机理进行探讨。Puga（2010）在此基础上对产业集聚微观机制进行拓展。

（1）共享机制。假定市场完全竞争和规模报酬不变，那么共享多样化收益可以让企业在生产环节获取一定的比较优势，从而引致总产出报酬递增（Dixit & Stiglitz，1977；Duranton & Puga，2004）。具体而言，假定有 n 个最终产品生产部门且都表现为规模报酬不变，部门 j 的不同投入变量间存在常替代弹性 $(1+e^j)/e^j$，其中 $e^j>0$。中间投入依赖于劳动，将中间产品所对应的生产、产出方程进行联立，即获得均衡状态下厂商的具体数量。最后，将均衡状态下的联立方程代至最终产品的生产函数中，可以得到最终产出产品与中间产品劳动力投入的方程。公式如下：

$$Y^j = \left[n^j \left(x^j \right)^{\frac{1}{1+e^i}} \right]^{1+e^i} = \left(L^j \right)^{1+e^i} \tag{2-8}$$

式（2-8）中，n^j 表示中间投入数量，x^j 表示中间部门 j 的产出水平，L^j 表示中间部门 j 的总劳动力供应。可以发现，最终产品生产效率的提高会引致规模报酬递增，促进产业集聚水平提升。

（2）匹配机制。以劳动力市场为例，对于厂商而言，生产商品对劳动力的技能需求也会有所不同；而对于劳动力而言，如果劳动力供给增加的数量大于厂商需求增加的数量，则厂商将会雇用更多的劳动者，扩大生产规模。另外，劳动者与厂商的有效匹配可以促使劳动者发掘更好的就业机会，形成广阔的劳动力市场，增加劳动者与企业的匹配机会，并提高匹配质量，从而提升产业集聚水平（Abel & Deitz，2015）。

（3）学习机制。广义上的学习是产业集聚的重要因素。起初阶段，新的厂商需要一段时间来探索其生产策略，一旦厂商识别发现了最优生产策略，就可以开始进行大规模产品生产。而这种知识是可以扩散的，与知识密集型企业相邻近的企业会更加方便地获取知识，从而形成产业集聚的向心力。

二、制造业集聚水平的影响因素

学术界关于制造业集聚水平的影响因素展开了大量研究，将制造业集聚的影响因素归纳为自然资源禀赋、市场化程度、人力资本、政府干预、开放水平、金融发展水平、交通基础设施、城镇化水平等。文玫（2004）对中国1980年、1985年、1995年制造业细分行业集中度进行测度与实证研究，发现市场规模、交通运输成本是制造业集聚的主要影响因素。金煜等（2006）通过研究1987～2001年中国各省份制造业集聚水平，发现市场容量、城市化水平、经济开放水平、基础设施水平、政府干预等是影响制造业集聚的重要因素。路江涌和陶志刚（2007）通过分析1998～2003年中国制造业细分行业的集聚水平，发现自然禀赋、政府干预等因素对制造业集聚产生显著影响。贺灿飞（2009）通过考察中国各省份制造业集聚水平，发现制度、劳动力成本、自然资源禀赋、区位通达性是影响制造业集聚水平的主要因素。韩峰和柯善咨（2012）通过实证分析2003～2009年中国284个地级市的制造业的空间集聚机制，研究表明市场需求、中间品投入可以提高城市制造业的空间集聚水平。陈曦等（2018）研究发现制造业集聚水平受到政策供给、信息传输、经济发展水平、劳动力供给、交通基础设施等因素影响。国际市场需求的不断增加为中国制造业企业的发展提供广阔空间，将会促使制造业企业为获得可观的经济效益而不断在开放水平较高的区域集聚，形成具有发展优势的规模经济效应（赵儒煜、侯一明，2015）。

三、长江经济带制造业集聚水平的影响因素

长江经济带是中国制造业集聚的重点区域。由于各地区区位条件不同，长江经济带上中下游地区的工业基础、自然资源条件、人力资本及科技创新水平都存在较大差异（叶云岭等，2022）。吴传清和龚晨（2015）采用空间计量经济学方法分析2001～2013年长江经济带沿线11省份制造业集聚水平的影响因素，研究发现劳动生产率、资本、创新水平、市场规模是影响制造业集聚的主要因素。吴

传清和邓明亮（2018）进一步研究发现资源禀赋、基础设施、人力资源促进制造业集聚，而环境规制、财政政策对制造业集聚具有抑制作用。王良虎和王钊（2020）从理论层面分析产业关联性与人力资本是影响制造业空间集聚的主要因素。叶云岭等（2022）实证研究发现人力资本、金融发展水平、交通基础设施、城镇化水平可以显著促进长江经济带制造业集聚水平提升。

综上所述，制造业集聚影响因素相关研究较为丰富，已有研究大多探讨一个或几个变量对制造业集聚的影响。同时，长江经济带不同地区的禀赋、产业基础均存在较大差异，制造业集聚水平影响因素在不同地区也有所差异。鉴于此，本书采用2010~2019年长江经济带108个地级及以上城市面板数据，实证检验制造业集聚的影响因素，并探讨其在长江经济带上中下游地区的异质性影响。

第四节　制造业集聚效应相关文献综述

学术界关于制造业集聚效应的研究主要集中于制造业集聚的规模经济效应、范围经济效应、经济增长效应、节能减排效应、人才集聚效应、示范效应、创新效应、环境效应、绿色经济效应、就业效应、经济福利效应、资源错配效应等。本书以长江经济带为研究对象，而推动长江经济带高质量发展的关键是要坚持创新驱动发展，紧抓生态环境保护修复。因此，本节针对制造业集聚的创新效应、环境效应相关文献进行梳理。

一、制造业集聚的创新效应

区域创新可以最大程度突破自然资源禀赋、人口规模、地理区位等客观条件对经济增长的限制，推动经济实现突破式发展。新经济地理学认为产业集聚可以通过知识溢出效应、基础设施共享等发挥集聚正外部性形成规模报酬递增，为技术创新提供资金支持。关于产业集聚对区域创新的影响，可追溯至两大学派：一是 Marshall 专业化集聚对区域创新的影响。该学派认为产业集聚通过外部经济对区域创新产生影响，隐性创新知识技术会通过劳动力流动、知识交流以及蕴含信息的商品贸易进行传播，专业化集聚是指同类型行业企业在地理空间的集中，相同类型的企业更容易模仿、学习和再创新，这种创新知识技术具有更好的适用性，从而产业集聚与知识溢出两者之间形成循环积累因果机制，在产业集聚水平提升的同时产生显著的知识溢出效应，进而推进整个区域创新水平提升（Marshall，1920；Arrow，1962；Romer，1986）。二是 Jacobs 多样化集聚对区域创新的影响。该学派认为在地区经济发展过程中，产业集聚会由单一集聚转变为与其垂直水平关联产业的多样化集聚，由产业集聚产生的知识溢出效应不仅作用于产业内部，也会发生于不同产业共同集聚的过程中，不同产业之间知识技术的交流传播有助于知识技术在集聚区内碰撞融合进而产生创新，因此多样化集聚也有利于区域创新水平提升（Jacobs，1969）。学术界的研究结论主要集中于制造业集聚对区域创新的促进作用、制造业集聚对区域创新的抑制作用、制造业集聚与区域创新的非线性关系三个方面。

关于制造业集聚对区域创新的促进作用，学术界大多研究认为制造业集聚可以促进区域创新水平提升。已有研究认为产业集聚和创新要素集聚的地理空间分布具有一致性，地理距离是决定产业集聚对区域创新影响作用的主要因素（符淼，2009）。Bagella 和 Becchetti（2002）研究发现意大利制造业集聚水平提升可以有效提升区域创新水平，在产业集聚区内创新边际收益递增，而且研发支出可以得到有效节约利用。中国学者近年来研究发现制造业集聚水平有助于提高区域创新水平（刘军、段会娟，2015；黄小勇、刘斌斌，2020）。制造业集聚对区域创新影响的作用机制主要基于知识溢出和规模经济，制造业集聚区为企业知识技术扩散提供平台，更好地发挥知识溢出效应，加快创新要素积累并形成"劳动力池"，降低创新风险，进而提升区域创新水平。

关于制造业集聚对区域创新的抑制作用，由于企业开展技术研发的经济效益是未知的，创新活动存在巨大风险，而模仿成本和风险往往远低于自主研发，故大量企业仅依靠购买、模仿方式来获得相应技术，出现大量"搭便车"现象（杜威剑、李梦洁，2015）。当集聚区内某个企业通过大量研发投入而取得的创新技术与发明创造在未来一段时期具有十分广阔的市场前景，则其他企业将会对此展开效仿以期获得可观经济收益，而非耗费大量时间和资金开展新技术的研发，这将导致企业自主创新动力不足，在一定程度上会阻碍区域创新。

关于制造业集聚与区域创新的非线性关系，根据产业生命周期理论，在制造业发展的不同阶段，制造业集聚会对区域创新水平产生不同的影响，制造业集聚可能在初期不利于区域创新而在中后期有助于区域创新，存在先抑制、后促进的"U"形曲线关系（杜江等，2017）。与上述观点相反，有的学者研究发现制造业集聚与区域创新水平存在倒"U"形曲线关系，即制造业集聚对区域创新作用表现为先促进、后抑制的关系（李沙沙、尤文龙，2018）。也有学者研究发现制造业集聚对区域创新可能存在门槛效应，大多学者将经济发展水平、研发投入、资本存量等作为门槛变量。在达到门槛前，制造业集聚对区域创新作用不显著，只有当跨越一定门槛时，制造业集聚才会对区域创新产生显著的积极影响（姚战琪，2020）。

关于长江经济带制造业集聚的创新效应研究，杜宇和黄成（2019）通过测度2011~2016年长江经济带制造业创新指数和制造业集聚水平，探究两者之间的关系，发现制造业集聚水平对创新指数存在促增作用。何风琴和邹奥博（2019）研究发现制造业集聚对长江经济带的科研投入具有显著的正向影响，从而促进区域创新水平提升。

综上所述，现有文献对于制造业集聚和区域创新的研究成果较为丰富，但尚未形成统一定论，制造业集聚与区域创新之间的关系及作用机理还有待进一步探究。另外，已有文献对制造业集聚与区域创新关系的实证研究中，对于计量模型运用较少考虑空间溢出效应，难以控制解释变量与被解释变量的空间溢出效应。基于此，本书选用城市面板数据，采用空间杜宾模型（Spatial Durbin Model，SDM）检验长江经济带制造业集聚对区域创新的影响，继而采用门槛面板模型探讨在不同禀赋结构下，制造业集聚与区域创新的非线性关系，并分区域对回归结果进行探讨，根据研究结论为长江经济带创新驱动高质量发展提出政策建议。

二、制造业集聚的环境效应

制造业集聚过程对于生态环境既可能存在集聚负外部性，也可能存在环境正外部性。目前，学术界针对制造业集聚与环境质量的关系开展了大量理论与实证相结合的研究，探讨制造业集聚与环境质量之间的关系及其传导机制，研究结论主要集中于制造业集聚对环境质量的破坏作用、制造业集聚对环境质量的改善作用、制造业集聚与环境质量的非线性关系三个方面。

关于制造业集聚对环境质量的破坏作用，众多学者认为制造业集聚与环境质量之间存在交互作用，制造业在快速集聚的同时往往伴随着空气污染、河流污染、土壤污染、温室气体等诸多生态环境问题，并实证检验了制造业集聚的环境污染排放效应（赵海霞等，2012；张可、豆建民，2013；王兵、聂欣，2016）。部分学者对当收入达到临界点后环境质量会得到改善这一结论持否定态度，认为环境库兹涅茨曲线只是一种特殊现象而非普遍规律，制造业集聚会持续增加污染排放。关于制造业集聚对环境质量的破坏作用内在机理的探讨大都基于"逐底竞争"效应与"污染天堂"（又称"污染避难所"）假说（Fan et al.，2020）。一般而言，经济发展水平较低的地区为了谋求地区经济的快速发展，往往更加重视短期经济利益而盲目降低环境规制门槛，以牺牲生态环境为代价获取竞争优势（Wu et al.，2017）。因此，应合理规划布局制造业，促进其持续健康发展，以缓解制造业集聚的环境负外部性。

关于制造业集聚对环境质量的改善作用，学术界展开了大量研究，认为制造业集聚在某些情况下有助于抑制污染排放和改善环境质量，进而打破"污染天堂"假说。制造业集聚对生态环境的影响不一定都是负面的，制造业集聚在一定条件下可能会对生态环境产生正向影响（陆铭、冯皓，2014）。究其原因，制造业集聚存在技术溢出效应和产业结构升级效应，绿色技术在集聚区内的交流传播可以提高资源利用效率，增加制造业企业节能减排效率，通过产业结构升级淘汰落后产能的同时发展绿色化高端产能，降低高污染、高耗能制造业比重，从而发挥其环境正外部性。

部分学者实证研究发现制造业集聚与环境质量之间存在倒"U"形、"N"形等复杂的非线性关系（李伟娜、徐勇，2014；邵帅等，2019）。部分学者认为伴随着制造业集聚，环境质量在初期会不断恶化，当环境负外部性逐渐显现且经济发展水平较高时，企业、居民对环境质量的诉求越发强烈，进而倒逼环境质量得到改善。不同集聚水平对应不同的环境外部性，当制造业集聚水平处于合理区间时会对环境质量具有促进作用，制造业集聚水平处于不合理区间时会对环境质量具有抑制作用（闫逢柱等，2011）。吴传清等（2022）认为制造业集聚同时具备环境负外部性和环境正外部性，在集聚初期环境负外部性占主导地位，但随着经济水平提升和制造业发展层次提高，制造业集聚的负面环境效应不断降低，而正面环境效应持续凸显。相关研究发现制造业集聚对环境质量存在门槛效应，如李筱乐（2014）研究发现将市场化水平设定为门槛变量时，在较高市场化水平地区，制造业集聚会呈现出正向积极的环境效应，在市场化水平较低的地区，制造业集聚会加剧环境污染；杨仁发（2015）将制造业集聚水平作为门槛变量，研究发现当制造业集聚水平较低时，制造业集聚对环境质量存在破坏作用，当制造业集聚水平较高时，制造业集聚对环境质量具有改善作用。还有学者将经济发展水平、区域创新水平等作为门槛变量，探讨制造业集聚对环境质量的门槛效应（周锐波、石思文，2018）。

关于长江经济带制造业集聚的环境效应研究，学术界主要形成如下三种观点：一是制造业集聚水平提升对区域绿色发展效率具有显著的负向作用，即制造业集聚会降低区域绿色发展效率（胡绪华等，2020）。二是制造业集聚与绿色发展效率之间的关系是不确定的，制造业集聚在一些地区呈现环境正外部性，在一些地区呈现环境负外部性（白永亮、杨扬，2019）。三是制造业集聚对绿色发展效率的影响并非单调递增或单调递减，而是呈现为"U"形关系，在最初阶段制造业集聚会降低绿色发展效率，到达拐点后制造业集聚会提升绿色发展效率，且制造业集聚对绿色发展效率影响的地区异质性显著，长江经济带上游地区和中游地区部分省份仍处于"U"形曲线左侧（张治栋、秦淑悦，2018；黄磊，2021）。

综上所述，已有研究大多在新古典经济学框架下开展探讨，而忽略地区之间环境质量的互动性，对环境质量的空间溢出效应考量不足。基于此，本书进一步拓展研究视角，建立制造业集聚对环境质量影响的理论框架，探讨制造业集聚影响环境质量的内在机理，采用考虑制造业集聚、环境质量空间相关性的空间杜宾模型检验长江经济带制造业集聚与环境质量可能存在的非线性关系，采用门槛回归模型进一步探讨在不同区域创新水平下，制造业集聚与环境质量的非线性关系。考虑到长江经济带上中下游地区经济发展水平的差异，分区域对回归结果进行探讨，以期为制造业集聚带动生态环境保护提供更具有针对性的政策建议。

第五节　总体评议

学术界对产业集聚的理论研究拥有较为悠久的历史，古典区位论、现代区位论、新古典经济学、新经济地理学对产业集聚现象展开了持续深入的研究，为后续研究奠定了良好基础。关于制造业集聚测度方法，学术界主要采用区位商、空间基尼系数、赫芬达尔—赫希曼指数、E-G指数、DO指数等方法。自然资源禀赋、人力资本、政府干预、开放水平、金融发展水平、交通基础设施、城镇化水平等可能是影响制造业集聚的主要因素。关于制造业集聚的创新效应，学术界主要有三种观点：其一，制造业集聚促进区域创新；其二，制造业集聚抑制区域创新；其三，制造业集聚与区域创新表现为非线性关系。关于制造业集聚的环境效应，学术界主要有三种观点：其一，制造业集聚改善环境质量；其二，制造业集聚破坏环境质量；其三，制造业集聚与环境质量之间的关系是非线性的。虽然学术界相关研究成果较为丰富，但是还存在以下研究空间：

一是更为全面地探究制造业集聚水平的影响因素。已有研究大多探讨资源禀赋、人力资本、政府干预、开放水平、金融发展水平、交通基础设施、城镇化水平中某一个或几个变量对制造业集聚的影响，而长江经济带制造业集聚水平受多种因素影响，需要归纳总结学术界相关研究成果，以更加全面的研究框架分析哪些因素可能对制造业集聚水平产生影响以及为何产生这种影响。因此，本书在充分借鉴已有成果的基础上，将多种可能影响因素纳入研究框架，力求更加全面地探究制造业集聚水平的影响因素。

二是更加全面地考量制造业集聚、区域创新、环境质量的空间溢出效应。已有相关研究较少考虑制造业集聚、区域创新、环境质量的空间溢出效应。而事实上，制造业集聚可能会通过生产要素流动而产生空间溢出效应；区域创新可能会通过创新要素流动而产生空间溢出效应；环境质量可能会通过产业转移承接、环境协同治理而产生空间溢出效应。因此，本书在制造业集聚影响因素分析、制造业集聚的创新效应、制造业集聚的环境效应部分基于经济地理距离构建空间权重矩阵，以反映长江经济带沿线城市之间的空间关联。

三是更加精准地揭示制造业集聚、区域创新、环境质量三者之间的关系。学术界已有成果大多探讨制造业集聚与区域创新的关系、制造业集聚与环境质量的关系、区域创新与环境质量的关系，然而关于制造业集聚、区域创新、环境质量三者之间的关系探讨较少。因此，本书将三者纳入统一的研究框架，探究区域创新在制造业集聚影响环境质量过程中是否发挥中介作用和门槛作用，并从理论分析与实证研究两个层面厘清三者之间的内在联系。

第三章　理论框架与研究假说

本章从长江经济带制造业集聚水平的影响因素、长江经济带制造业集聚的创新效应、长江经济带制造业集聚的环境效应三个方面构建本书的理论框架，并根据理论分析提出研究假说。

第一节　长江经济带制造业集聚水平影响因素的理论分析

一、制造业集聚的空间效应

制造业集聚是经济活动的空间组织形态，必然在具体的空间上产生，因此具有一定的空间属性。韩峰和柯善咨（2012）较早考虑到城市间制造业集聚的空间相关性，劳动力、中间投入品、创新空间溢出、市场需求等对制造业空间集聚均有明显的促进作用。刘志东和高洪玮（2021）认为各地区制造业集聚空间相关性不断增强，不能脱离空间相关性而割裂地研究制造业集聚问题，研究发现各城市间的制造业集聚都具有显著的正向空间自相关性，即制造业集聚水平较高的城市之间相互邻近，制造业集聚水平较低的城市之间相互邻近。

随着长江经济带经济发展水平的不断提升，各地区之间的劳动力流动、信息流通及商品贸易网络日益发达，相互作用的制造业关联体正在加快形成（王良虎、王钊，2020）。制造业的空间关联主要来源于以下三种途径：第一，生产要素流动。劳动力、资本、技术等生产要素的跨区域流动，不仅可以使知识技术、缄默信息在各地区之间得以传播扩散，还可以使具有比较优势的要素超越本地市场进行跨区域转移，达到更高的资源配置水平，促使制造业集聚水平得以提高（王然等，2010；陈国亮、陈建军，2012）。第二，地区产业分工。长江经济带已形成上中下游地区产业合作互补态势，随着地区之间专业化分工合作不断深化，不同地区之间制造业产业链前后向紧密关联，一个地区制造业集聚水平变化必然会对关联的其他地区造成影响（贺灿飞、朱晟君，2020）。而且，长江经济带承接产业转移平台建设不断完善，各地区产业联系更加紧密。第三，地方政府竞争。当前 GDP 仍然是衡量地方政府政绩的重要维度之一，地方政府之间的"GDP 锦标赛"在一定程度上引起了地区间产业招商的竞争效应和示范效应（江小敏等，2020）。例如，某地区通过发展高附加值、高收益的高技术制造业获得经济快速发展，邻近地区也会通过模仿或引进类似的制造业项目吸引人才、资本、技术等向本地区流入，从而保持本地区制造业竞争力（Cheng，2016）。基于上文分析，提出假说 1-1。

假说 1-1：长江经济带制造业集聚具有空间溢出效应，即本地区制造业集聚对邻近地区制造业集聚也有一定的促进作用。

二、制造业集聚水平的影响因素

关于制造业集聚的影响因素，早期研究主要从要素成本出发，更多关注单一因素对制造业集聚的影响，如城市规模、交通运输成本、技术外部性、人力资本、市场需求及制度变化等。叶云岭等（2022）较为全面地分析了自然资源禀赋、人力资本、政府干预、开放水平、金融发展水平、交通基础设施、城镇化水平七个因素对长江经济带制造业集聚可能造成的影响。综观学术界已有成果，立足长江经济带发展实际，本书提出资源禀赋、市场规模、对外开放度、劳动力技能、交通便利度、城市规模、教育水平、房价水平、互联网规模、政府干预度十个影响制造业集聚的潜在因素。

1. 资源禀赋

在古典经济学理论框架下，自然资源禀赋是生产函数中的一个重要变量。传统的经济地理学认为自然资源禀赋是区域经济发展的初始条件，由于自然资源的差异，各地区制造业发展重点、制造业企业选址相应有所不同（Kim，1999；Ellison & Glaeser，1999）。自然资源越丰富的地区就拥有更多机会在新一轮产业革命中获得先机，从而获取更大的经济效益。拥有大量矿产等自然资源的地区往往倾向于发展资源密集型制造业，采矿业、金属加工业集聚水平较高，并且可以带动其他关联产业集聚。然而，这些地区过于依赖资源密集型产业也会对新兴产业的培育发展造成一定的挤出效应，不利于新兴产业集聚，导致产业结构陷入"低端锁定"困局（孟望生、张扬，2020）。各类型制造业企业对自然资源的需求存在不同偏好，在区位决策的过程中倾向于选择所需自然资源比较富集的地区，资源密集型制造业尤其依赖地区自然资源禀赋状况（肖望喜等，2020）。因此，自然资源禀赋对制造业集聚存在一定作用，但是这种影响既可能是正面的，也可能是负面的，主要取决于制造业发展阶段及制造业类型，但无疑自然资源禀赋是影响制造业集聚的一个重要因素。

2. 市场规模

在以国内大循环为主体、国内国际双循环相互促进的新发展格局下，依托国内超大规模市场来扩大内需和拉动消费，进而促进产业发展成为值得关注的话题。根据相关理论，企业为了占有更高的市场份额，会倾向于选址在市场规模较大的区域，具有投入产出关系的行业倾向于集聚在同一区域，引致大量企业在特定空间上的集中进而形成产业集聚区。集聚区内企业能够共享公共基础设施、知识信息，分工将更加合理、协作效率得到提升。由于生产要素具有逐利性，资本、劳动力等要素会持续向该集聚区集中，形成产业集聚的循环累积效应。因此，市场规模是制造业集聚的重要影响因素。

3. 对外开放度

加快构建以国内大循环为主体、国内国际双循环相互促进的新发展格局是我国"十四五"时期和未来更长时期的重大经济发展战略之一。随着经济全球化的不断深入，中国积极参与全球制造业分工，经济开放水平越高的区域其制造业集聚水平也越高（金煜等，2006）。对外开放主要从以下两个方面影响制造业集聚：一是大规模外商直接投资为中国制造业发展带来了资金和技术支持。外向度较高的国家和地区可以吸收更多的外商直接投资，加快本地企业与外商企业之间进行信息交换与技术交流，有利于弥补资金缺口，推动地区产业快速集聚（余丽丽、潘安，2021）。二是广阔的国际市场给中国制造业企业带来经济效益。为满足国际市场需求，制造业企业会不断向对外开放水平较高的区域集聚，通过规模经济效应形成国际竞争优势，参与全球生产网络，助推本地区制造业发展壮大（赵儒煜、侯一明，2015）。因此，对外开放可能对制造业集聚产生正向作用。

4. 劳动力技能

马歇尔（1890）对人力资本与产业集聚的关系作出论述，即大量劳动力所带来的"劳动力蓄水池"效应可以促进产业集聚。制造业集聚与劳动力具有内生互动作用，企业生产与劳动力技能得到匹配可以提高制造业集聚水平。具体而言，高技能劳动力可以与新技术得到更好匹配而提升劳动生产率，有助于企业生产规模扩大和生产效益提高，企业将获取的更多资金用于扩大生产规模，形成正向的循环累积效应（彭国华，2005）。随着企业劳动生产效率的不断提高，企业会不断加大对高技能劳动力的需求，同时尽可能降低使用低技能劳动力的数量，倒逼劳动者主动提高就业技能，加快劳动力在集聚区内自由流动，从而形成本地劳动市场效应，进而提升制造业集聚水平（范剑勇，2006；杨汝岱，2015）。然而，劳动力技能并非越高越适应制造业企业需要，若一个地区劳动力技能较高，但企业所处行业为劳动密集型、资本密集型而非技术密集型，那么劳动力技能反而可能给制造业集聚带来负面影响。

5. 交通便利度

古典区位论、现代区位论均提及交通运输成本对产业集聚的重要作用。新经济地理学的一个核心思想就是"冰山"运输成本。制造业主要生产有形产品，且制造业产品的生产和消费在时间和空间上一般为分离状态，较高的交通便利度可以降低产品运输的交易成本。因此，交通运输成本是制造业企业区位决策的重要依据，也是影响制造业集聚水平不可回避的关键变量（马茹等，2019）。对于较高交通便利度的地区而言，商品运输成本日益降低，供需双方、产业链上下游之间关联更加紧密，制造业企业得以持续集中，形成制造业集聚现象。然而，随着交通基础设施的逐步改善，交通便利度已达到较高水平，交通对制造业空间布局的局限和约束正在日益淡化。

6. 城市规模

大规模的城市拥有较为完善的产业链、多样化的本地市场消费和需求规模，吸引更多的同类型企业在城市空间范围内集聚，延伸制造业上下游产业链，也有助于互补型产业共同集聚，从而形成规模经济效益（丁伟丰等，2020）。而且，较大规模的城市一般拥有更好的基础设施和公共服务，能够容纳充足的劳动力，形成"劳动力蓄水池"，为制造业企业集聚创造条件（范晓莉等，2017）。较大规模的城市汇聚了大量的知识、信息、技术、研发平台、融资机构，可以为制造业发展注入内生动力，有助于提升制造业集聚水平（孙叶飞等，2016）。然而，城市规模的过度扩大也可能对制造业集聚造成负面影响，单中心城市理论认为城市规模的无限扩张会产生城市蔓延，造成交通拥挤、资源浪费、环境污染等问题，这将对制造业企业的进入产生阻碍进而抑制制造业集聚。

7. 教育水平

教育发展水平的区域差距是影响制造业集聚的重要因素。首先，长江经济带涌现了一大批以知识密集、技术密集为特点的高技术制造业，如高端装备制造、集成电路、新能源汽车、生物医药等，这些制造业的发展需要受过较高教育的人才作为支撑。较高的教育水平可以培养出更多的研发人员，推动制造业技术创新和进步。其次，较高的教育水平可以帮助劳动力提高学习能力和掌握专业技能，更好地将技能与企业生产技术相结合，适应制造业快速发展所带来的职业变化。最后，教育是公共服务的重要内容之一。劳动力会倾向于向较高教育水平的地区迁移以保障其子女受教育质量。大量劳动力的迁入也是制造业集聚的要素之一。

8. 房价水平

房价水平对制造业集聚的影响存在不确定性。一方面，房价水平较高的地区一般公共服务和基础设施也较为完善，产业发展基础较为雄厚，可以为劳动力提供更多职业发展机遇，尤其会对高收入劳动力产生一定的吸引力（范剑勇、邵挺，2011）。这些地区具有较高的消费水平和较大的市场规模，对企业也会产生一定的向心力。另一方面，过高的房价会大大压缩劳动力的可支配收入，导致劳动力难以承担过高的生活成本而流出该地区（张莉等，2017）。而且房地产业的繁荣会引致生产性资本涌入房地产市场，导致经济"脱实向虚"，对制造业造成挤压。因此，房价水平对制造业集聚既存在正向作用，也存在抑制作用。

9. 互联网规模

互联网的普及可以降低信息传输成本，增强信息时效性，将各个企业的资源和信息整合起来进行充分调配，大幅降低搜寻成本，从而促进企业参与专业化分工与加强合作，实现产业链上下游协同，进而提高制造业效益和竞争力。从企业内部来看，企业可以依托完善的网络基础设施建立信息管理系统，促进各生产环节有效衔接，更好地获取和预测消费需求，灵活调整设计、生产、库存管理和运营销售模式，以更低的成本满足消费者需求，提升企业的市场份额和盈利能力。此外，互联网规模是企业数字化转型的基础支撑，对于拥有良好互联网基础设施的地区而言，其制造业企业具备数字化转型的先发优势（陈曦等，2018）。因此，互联网规模是决定制造业集聚水平的因素之一。

10. 政府干预度

适当的政府干预可以解决一部分市场机制自身无法解决的负外部性问题，然而过度的政府干预行为会导致资源错配和效率低下，对制造业集聚造成负面影响。由于行政分权体制，地方政府掌握了更多发展经济的主动权，可以结合地区发展实际制定具有地方特色的制造业发展政策规划，产业政策在很大程度上决定了各地区的产业发展方向和产业空间布局（郭剑花、杜兴强，2011）。而且可以通过基础设施建设、差异化财税政策、政府投资基金等为企业提供实际支持（曹春方等，2014）。开发区政策为企业集聚提供空间和要素保障（余东华、吕逸楠，2015），国家级开发区、省级开发区以及各类产业园区的设立，促使制造业企业向生产成本更低和更加有利于发展的区域转移和集中，进而在空间上形成制造业集聚现象（韩剑、郑秋玲，2014）。但是与此同时，过多或不恰当的政府干预也有可能阻碍企业生产经营活动，降低经济运行效率，部分地方保护政策限制了地区之间商品流通，阻碍制造业企业向优势区域集聚，从而不利于制造业集聚水平的提升（贺灿飞、杨汝岱，2010）。基于上文分析，提出研究假说1-2。

假说1-2：资源禀赋、市场规模、对外开放度、劳动力技能、交通便利度、城市规模、教育水平、房价水平、互联网规模、政府干预度可以影响长江经济带制造业集聚水平。

第二节　长江经济带制造业集聚影响
区域创新的理论分析

一、区域创新的空间效应

根据创新扩散理论，区域创新不仅存在于本地区，而且可能扩散到其他地区（Holl，2016）。随着空间计量经济学的快速发展，学者们围绕区域创新水平是否具有一定的空间自相关性展开了深入研究（Cieślik et al.，2018）。大部分学者研究发现创新活动存在一定的空间依赖性（李华等，2020；高丽娜、张惠东，2015）。这种空间溢出效应越大，则企业更倾向于在一定地理空间内集聚以获取共享劳动力市场、中间产品投入以及知识技术外溢等优势（Bo，2019）。长江经济带区域创新的空间溢出效应可能来源于以下几个方面：第一，地区间商品交易。产品包含文化、技术等显性信息，产品在各个区域间进行流转过程中能够加快知识溢出（赵增耀等，2015）。这种可编码化的显性知识相比不可编码化的隐性知识更容易传播扩散，集聚区内的企业会形成一套完整的知识传播体系和构建完整的知识链条，从而促进知识在集聚区内企业之间传播，提升地区创新优势（Asheim，1996；Pinch et al.，2003）。因此，地区贸易是区域创新溢出的重要途径之一。第二，创新要素流动。创新要素会向边际报酬更高的地区流动，增加该地区企业的知识、技术存量及隐性知识积累，进而提升企业技术创新水平。拥有大量创新要素的地区会频繁开展交流合作，促使知识、技术在企业之间自由流动和不断扩散，创新要素集聚与空间溢出表现为相互强化的累积循环因果关系，在区域创新系统中产生互动效应（刘和东，2013）。由于隐性知识难以进行编码或记录，而技术、人才等创新要素流动有助于营造知识技术快速交流传播的氛围，促进知识、技术人员在不同地区之间的流动，既能带动本地区创新水平的提升，也对周围地区创新水平产生溢出效应（牛泽东、张倩肖，2011）。第三，协同创新平台。高校、科研院所、实验室作为科技创新平台的主要形式，是传播知识和技术的重要载体，能够加速知识的创造与传播，促进创新产出水平和技术进步，也有助于科研人员创新实践能力提升（马永红等，2015）。长江经济带各地区协同建设重大研发平台，推动创新链跨区域协同合作，通过发挥知识溢出效应带动各地区创新水平得到提升。基于上文分析，提出研究假说 2-1。

假说 2-1：长江经济带区域创新水平具有空间溢出效应，本地区创新水平的提升可以带动邻近地区创新水平的提高。

二、制造业集聚与区域创新的关系

制造业集聚对区域创新的促进作用主要通过知识技术溢出、创新资源共享和创新环境优化三个渠道实现：第一，知识技术溢出。知识溢出是区域创新的重要源泉，制造业集聚为知识或技术溢出的产生和传播创造了条件，特别是对于无法通过文字等有形载体表达的缄默知识而言，面对面的沟通交流显得尤为重要。知识溢出作为区域创新的重要源泉，大量专业化分工的劳动者在集聚区内的流动又有助于隐性知识传播，可以突破本地的知识局限，增强区域内知识的多样性和流动性，激发研发人员的创新活力。集聚区内的其他企业无须耗费高昂的研发成本，便能够对新知识技术进行模仿学习，以提升自身科技创新能力，从而有助于区域整体创新能力的提升（柳卸林、杨博旭，2020）。随着制造业集聚规模与日俱增，技术转移速度也随之加快，集聚区内企业更容易学习相关新知识技术，某一企业实现突破性创新后，集聚区内其他企业会先模仿而后自主创新，这种方式不仅能够显著提高集聚区的创新水平，还能够帮助集聚区在日益白热化的市场竞争中取得竞争新优势，从而使区域创新水平得到进一步提升（柳卸林、葛爽，2018）。第二，创新资源共享。集聚区内各企业之间会基于资源共享的方式进行协作，以此来保障该区域的竞争优势。随着制造业集聚水平提升，规模经济效应会进一步加速各种生产要素在集聚区内的积累，推进资本、土地等诸多要素与集聚区内各个企业紧密衔接，有助于降低制造业企业对生产要素的搜寻成本，为劳动者提供更多的就业机会，在更大的范围内优化了创新要素的配置效率，进而有效促进区域创新水平的提升（Bo，2019）。此外，资源共享也有助于节约产业链上下游企业的交易成本，使集聚区制造业企业可以便捷地获取丰富的原材料和中间产品，节约中间产品搜寻成本和运输费用，促进集聚区内企业间信息畅通和及时反馈，从而有利于为集聚区内制造业企业带来多样化集聚的外部性收益（杨博旭等，2020）。更为重要的是，集聚区内的企业可以共享区域内基础设施、金融机构、交通物流等有形资源，进一步提高集聚区内企业知识与技术交流的传播速度，有助于区域整体创新水平的提升（罗思平、于永达，2012）。第三，创新环境优化。随着制造业企业在集聚区内数量的逐渐增加，更大的市场规模往往伴随着更激烈的竞争，可能会使一定数量的企业丧失原有的竞争优势（程中华、刘军，2015）。在"优胜劣汰"的市场竞争机制下，创新能力不足的低效率企业将被迫退出市场。企业为了获取竞争优势与市场份额，必将优化现有的生产工艺，完善和优化生产流程，这一良性的竞争效应会促进该集聚区内企业不断开展创新活动，更加充分地发挥集聚经济的技术溢出效应，激发该地区创新潜能，以此实现技术变革，并为制造业企业带来可观的经济收益（宣烨、宣思源，2012；茅锐，2017）。集聚区内拥有良好的创新环境和完善的技术支撑体系，不仅能够减少企业开展创新活动的成本，而且能够降低企业研发失败的风险，提高研发创新的成功率，形成企业开展自主创新的正反馈效应。此外，技术创新一般涉及研发、试验等多个环节与领域，只凭借个别企业力量难以应对日新月异的市场需求（Jia et al.，2017）。在良好的创新氛围中，企业联合攻关有助于技术研发取得突破性进展，提高集聚区内企业创新产出能力和创新指数，从而促进区域创新水平提升（张丽华、林善浪，2010）。

然而，制造业集聚也可能引发拥挤效应，制约区域创新水平提升（张彩江等，2017）。制造业集聚通过认知距离锁定、生产要素稀缺、抑制自主创新三个渠道对区域创新产生抑制作用：第一，认知距离锁定。认知距离在此特指企业得到外部其他信息的实际距离。若此距离相对较短，则各企业彼此间很可能建立相对紧密的合作关系，企业也便于从外部得到数量较多的信息。例如，集聚区内企业地理位置相距较近，企业可以获得更多合作与学习机会，但是这种认知距离一旦锁定，就会造成企业合作的路径依赖，反而阻碍了与集聚区外企业的新技术交流，即企业的保守行为可能阻碍新信息的流入以及新技术的产生，削弱企业吸收创新技术的能力，使技术被锁定于某个特定的轨道中，而集聚区整体的创新水平也难以得到提高。第二，生产要素稀缺。由于集聚区的空间承载力是有限的，如果集聚区内的企业数量超过空间承载能力极限，就可能会产生市场份额争抢、恶性竞争、交通拥堵以及环境污染等负外部性问题，从而造成集聚区内生产要素的稀缺性。劳动力、土地、资本等生产要素随着产业集聚程度的提高可能变得更为稀缺，直接增加企业的生产成本，从而挤占制造业企业研发资金，抑制集聚区内创新水平（胡彬、万道侠，2017）。第三，抑制自主创新。相同类型的制造业企业受集聚正外部性的吸引而集中于集聚区，随着集聚区内企业密度的提高，知识流动的速度不断加快，技术在集聚区内通过空间知识溢出得以快速传播推广，引致模仿创新成本不断降低。自主创新成本投入较大，存在较大不确定性。因此相比而言，企业更加倾向于跟随式的模仿创新而非高风险的自主创新，这将对突破式创新、自主创新造成阻碍（Aghion et al.，2005）。基于上文分析，提出假说 2-2。

假说 2-2：长江经济带制造业集聚水平与区域创新存在非线性关系，制造业集聚起初对区域创新表现出抑制作用，随着制造业集聚水平的提升，制造业集聚对区域创新表现为促进作用。

三、制造业集聚对区域创新的影响机制

制造业不断在特定空间集聚，形成大规模的经济载体产业集聚区。在集聚区内，大量的制造业企业集中在一起，既发挥规模经济效应，降低企业生产成本，同时各企业之间也存在一定的竞争关系。为提高市场份额，抢占发展先机，各企业对劳动力的需求不断增加，尤其是对高技能劳动力产生更大需求，将支付更高的工资以获得所需劳动力。较高的工资水平以及集聚区内完善的基础设施、公共服务和就业支持体系，都会对劳动力形成向心力，引致劳动力流动现象。劳动力流动指劳动力在区域之间的迁移，实质是劳动力要素在地区之间的重新配置。劳动力参与生产在很大程度上是为了获取劳动收入，由于地区之间工资水平存在差异，劳动力为追求更高的收入，会从工资水平较低的地区向工资水平较高的地区流动。集聚区内制造业企业分别有不同的最优生产规模，专业化的劳动力有助于大规模生产和生产效益提高，进而将获取的更多资金用于扩大生产规模，形成正

向的循环累积效应（Brakman et al.，2017）。在合理区间范围内，劳动力越集聚，该区域对劳动力的吸引力就越强（彭国华，2005）。随着集聚区就业规模扩大，劳动力有更多机会根据其技能和偏好来选择岗位，从而使劳动力得到更大限度的利用，尤其是高技能劳动力可以匹配新技术以实现产业化应用，同时技术生命周期迭代也会倒逼劳动力不断提高劳动熟练度和强化就业技能，使得新技术与劳动力技能具有更好的适配性，进而提升产业创新水平。随着集聚区内技术创新支撑体系和高能级研发平台建设不断完善，将吸引更多高技能劳动力涌入区内从事技术研发工作，使得相关研发知识得到应用，拓展创新可能性边界。基于上文分析，提出假说2-3。

假说2-3：长江经济带制造业集聚可以通过劳动力流动来促进区域创新水平提升，即劳动力流动是制造业集聚与区域创新的中介变量。

四、制造业集聚对区域创新的门槛效应

禀赋结构一般用资本劳动比来表征。不同地区的禀赋结构存在差异，要素投入密集度是否与地区的禀赋结构匹配是决定产业发展的重要因素。如果制造业企业的资本密集度符合该地区的资本劳动比，那么该企业具备该地区禀赋结构所决定的比较优势，利用这种比较优势将获得发展先机，其生产的新产品可以得到更高的利润，创新投入可以获得更为丰厚的回报。在这种正反馈效应下，企业将更加注重研发新技术、改进生产流程、调整产品结构以进一步强化这种比较优势，使得生产函数呈现为边际收益递增的趋势，形成区域创新的现实驱动力。如果制造业企业的资本密集度不符合所在地区的资本劳动比，则其难以实现逆比较优势的大跨步式发展，虽然有可能在某一阶段拥有后来者优势，但一般而言发展进程较为滞后，对区域创新造成抑制作用（王勇等，2022）。当前，长江经济带新一代电子信息、新能源汽车、高端装备制造等高技术制造业快速发展，制造业不断向高端化迈进，资本密集型制造业占比持续提升，劳动密集型制造业不断降低。因此，在资本劳动比较高的地区，资本要素将得到更加合理的配置，劳动力可以

更加畅通流动，资源消耗和资源错配问题得以解决，制造业集聚能够更好地驱动区域创新水平提升。

长江经济带横跨中国东、中、西三大地区，各地区资源禀赋结构差距较大。其中，长江经济带中上游地区自然资源丰富、劳动力充足，是长江经济带重要的初级产品制造业生产基地，而长江经济带下游地区经济外向程度比较高，相对于中上游地区对外界先进的思想、知识和技术的吸收能力较强（万庆等，2015）。在不同禀赋结构下，长江经济带上中下游地区制造业集聚对区域创新的影响也存在一定差异，在资本劳动比较高的下游地区，制造业集聚对区域创新的促进作用可能更为明显。基于上文分析，提出假说2-4。

假说2-4：长江经济带制造业集聚对区域创新存在门槛效应，即在不同禀赋结构下，制造业集聚对区域创新的作用有所差异。而且，这种门槛效应在长江经济带上中下游地区存在异质性。

第三节　长江经济带制造业集聚影响环境质量的理论分析

一、环境质量的空间溢出效应

环境污染和环境治理并非单纯的局部问题，因此环境质量可能具有空间关联性（吴传清等，2022）。环境质量空间溢出效应至少通过以下几个途径实现：第一，环境协同治理。随着环境联防联控机制不断完善，各地方政府环境治理不局限于所在行政区域，还要与毗邻地区强化合作，共同推进环境治理，拓展生态空间（何文举等，2019）。若某一地区通过环境治理获得良好的生态环境，环境规制政策、绿色创新在地理空间范围内存在黏性并传播至邻近地区，邻近地区也会加以效仿以提高环境治理成效。因此，生态环境质量较好的地区对其邻近地区生态环境质量有积极带动作用（郭凌军等，2022）。第二，环境污染扩散。污染物排放具有空间关联性、流动性、不可分割性以及时间上的连续性，如大气污染物可能通过大气环流等自然因素和经济生产活动扩散到邻近地区，水污染物可以通过流域上下游、地表径流、地下水渗透等方式扩散至其他地区（邵帅等，2016）。第三，产业转移承接。当相邻地区的经济发展水平存在明显差异时，对于高发展水平地区来说，更倾向于发展技术密集型制造业以实现产业结构升级，提高经济的发展效益，而将污染强度较大、环境负外部性较强的制造业转移到其他经济不发达且环保标准较低的地区。这些地区就可能成为污染密集型产业发展的"污染避难所"（陈诗一、陈登科，2018）。综上所述，长江经济带环境质量可能存在空间自相关性，因此使用计量模型对环境质量进行研究时，需将空间因素考虑在内（白永亮、杨扬，2019）。基于上述分析，提出研究假说3-1。

假说3-1：长江经济带环境质量具有空间溢出效应，本地区的环境质量改善也会带动邻近地区环境质量改善。

二、制造业集聚与环境质量的关系

现有文献对制造业集聚与环境质量的关系研究尚无统一定论。制造业集聚同时存在正外部性和负外部性，其综合结果决定了制造业集聚的环境效应（杨仁发，2015）。大多数学者认为制造业集聚有损于环境质量。制造业集聚对环境质量的破坏作用主要表现在以下三个方面：第一，规模不经济。随着制造业集聚水平的提升，众多企业更倾向于追求经济效益而不断扩大产能，加剧了化石燃料等能源的消耗，资源消耗的速度快于自然再生的速度，环境污染物排放的速度快于环境吸收修复的速度，而集聚区内地理空间、资源供给、生态容量是有限的，这会对生态环境造成负面影响。第二，污染避难所。在制造业集聚的初始阶段，传统的资源密集型制造业占比较高，制造业企业在初创时环保意识淡薄，在竞争的过程中采取粗放式的发展方式获取经济利益，大量的工业废水、废物、烟尘未经处理直接排放，而污染直接排放造成生态环境遭到极大破坏（杨敏，2017；何文举等，2019）。第三，地方逐底竞争。在中国财政分权体制背景下，地方政府曾经为了追求经济效益而采取"逐底竞争"方式，竞相降低环境准入门槛以吸引外来投资，而且造成制造业同质化严重，低端产业过剩问题突出，引致能源资源消耗与污染排放增加（朱东波、李红，2021）。

环境库兹涅茨曲线理论指出，在经济发展的过程中，环境质量表现为先恶化而后逐步改善的变化趋势。到达一定阶段后，制造业集聚可以改善环境质量，即具有正的环境外部效应，主要表现于以下三个方面：第一，污染集中治理。集聚区内企业可以共享环保基础设施，开展污染物集中治理，降低环境污染治理的边际成本（杨桐彬等，2020）。通过在集聚区内建设静脉产业园、循环产业园，不仅可以提高污染物治理的效率，还可以发展循环经济新业态，在获得环境效益的同时取得经济效益。第二，产业结构优化。制造业集聚水平的提升会给集聚区内的企业带来竞争压力，一些能耗高、排放大、效益低的企业迫于生产成本压力而关停或转移，低排放、高附加值的制造业得以发展壮大，从而促进制造业结构向绿色化、高端化迈进（徐敏燕、左和平，2013）。第三，绿色技术创新。随着地区经济发展水平提升，居民的环保意识更加强烈，政府会采用严格的环境规制标准以改善生态环境，这将倒逼制造业企业主动增加绿色技术创新研发投入，用节能环保的生产技术代替落后的粗放发展模式，开发更符合绿色发展理念的产品，应用更低能耗的绿色生产工艺，进而改善环境质量（邵帅等，2019）。基于上述分析，提出研究假说3-2。

假说3-2：长江经济带制造业集聚与环境质量存在非线性关系，随着制造业集聚水平的提升，制造业集聚首先对环境质量表现为抑制作用，而后表现为改善作用。

三、制造业集聚、区域创新与环境质量的关系

制造业集聚是各种生产要素空间配置和经济活动空间分布的主要表现形式，

制造业集聚通过吸引劳动力、积累资本而发挥集聚经济的知识溢出效应、共享效应和竞争效应提升区域的创新水平，减少企业在创新活动中可能面临的风险，支持企业不断提高研发投入并且开展更多的研发活动，促使产业内企业技术的改进和竞争力的提高（李稚等，2019）。Grossman 和 Krueger（1991）将环境污染产生的原因划分为若干类别，其中包含规模效应、技术效应等，并指出技术效应能够有效优化环境质量，这是由于较为前沿的技术一般会对环境更加友好（豆建民、沈艳兵、张可，2014）。制造业集聚通过知识技术溢出、创新资源共享和创新环境优化三个渠道来强化区域创新。伴随着区域创新水平提高，制造业在生产过程中可以利用适配的绿色技术，这将促进能源节约有效利用，从而减少对能源过度消耗，降低污染物的排放（申伟宁等，2020）。此外，区域创新水平提升可以有效缓解环境保护与经济发展之间的矛盾，如新能源开发利用技术不断成熟，风能、水能、太阳能及核能等清洁能源比重上升，既降低了化石能源消耗，也降低了碳排放。因此，在区域创新水平越高的地区，制造业集聚的环境正外部性越显著。而长江经济带各地区制造业发展基础、科技创新、生态环境等方面均存在较大差异，下游地区相比上游和中游地区拥有更大的研发投入、更多的研发人才以及更强的创新能力。因此在不同区域创新水平下，上中下游地区制造业集聚对环境质量的影响也存在异质性。基于上文分析，提出研究假说 3-3 和研究假说 3-4。

假说 3-3：长江经济带制造业集聚不仅直接对环境质量产生影响，还会通过区域创新对环境质量产生影响，即区域创新可以在制造业集聚与环境质量两者之间作为中介变量。

假说 3-4：长江经济带制造业集聚对环境质量存在门槛效应，即在不同区域创新水平下，制造业集聚对环境质量的影响有所不同，且这种门槛效应在长江经济带上中下游地区存在异质性。

第四节 本章小结

本章从长江经济带制造业集聚水平的影响因素、长江经济带制造业集聚的创新效应、长江经济带制造业集聚的环境效应三个方面构建本书的理论框架与研究假说，相关内容可归纳为以下三点：

第一，长江经济带制造业集聚水平影响因素的理论分析。通过生产要素流动、地区产业分工、地方政府竞争，制造业集聚水平较高的地区也会带动邻近地区制造业集聚，即制造业集聚可能具有显著的正向空间溢出效应。资源禀赋、市场规模、对外开放度、劳动力技能、交通便利度、城市规模、教育水平、房价水平、互联网规模、政府干预度是长江经济带制造业集聚水平潜在的影响因素。

第二，长江经济带制造业集聚影响区域创新的理论分析。长江经济带区域创新水平通过地区间商品交易、创新要素流动、协同创新平台发挥正向的空间溢出效应，即本地区创新水平的提升可以带动邻近地区创新水平的提高。制造业集聚初期通过认知距离锁定、生产要素稀缺、抑制自主创新等渠道抑制区域创新。到达一定阶段后，通过知识技术溢出、创新资源共享和创新环境优化等渠道来促进区域创新。因此，制造业集聚与区域创新之间可能是先抑制、后促进的非线性关系。制造业集聚可以通过劳动力流动来促进区域创新水平提升，即劳动力流动是制造业集聚与区域创新的中介变量。在不同禀赋结构下，制造业集聚对区域创新的影响存在门槛效应，且这种门槛效应在长江经济带上中下游地区存在异质性。

第三，长江经济带制造业集聚影响环境质量的理论分析。环境质量可以通过环境协同治理、环境污染扩散、产业转移承接等途径发挥空间溢出效应，对周围地区环境质量造成影响。制造业集聚初期，通过规模不经济、污染避难所、地方逐底竞争等途径对环境质量造成破坏。到达一定阶段后，制造业集聚可以通过污染集中治理、产业结构优化、绿色技术创新等渠道改善环境质量。因此，制造业集聚与区域创新之间可能是先破坏、后改善的非线性关系。制造业集聚不仅直接对环境质量产生影响，还会通过区域创新对环境质量产生影响。在不同区域创新水平下，制造业集聚对环境质量的影响存在门槛效应，且这种门槛效应在长江经济带上中下游地区存在异质性。

第四章 长江经济带制造业发展现状研判

长江经济带是中国制造业高质量发展、建设制造强国的主力军。本章从制造业企业主营业务收入、制造业企业利润总额、制造业企业资产总计来把握长江经济带制造业发展规模，从制造业同构性、制造业结构合理化、制造业结构高级化来刻画长江经济带制造业结构特征，阐述长江经济带五大世界级制造业集群发展概况，从而全面把握长江经济带制造业发展现状。

第一节 长江经济带制造业发展规模

一、长江经济带制造业企业主营业务收入

长江经济带是中国重要的制造业走廊，也是全球内河经济带的典型代表，在推进中国制造业转型升级进程中肩负着重要使命。2010~2019 年，长江经济带制造业企业营业收入业绩良好，制造业企业主营业务收入保持平稳较快增长态势，由 2010 年的 241292.18 亿元稳步增长至 2019 年的 440880.54 亿元，年均增长率

6.93%。2019 年，长江经济带制造业企业主营业务收入占全国比重为 46.72%①，制造业企业主营业务收入占据全国半壁江山。长江经济带制造业企业主营业务收入的增长虽然表现为放缓趋势，但是占全国制造业企业主营业务收入比重稳步上升，这表明长江经济带制造业主营业务收入增速快于全国平均水平，长江经济带在全国制造业格局中的地位越发重要。

从长江经济带上中下游地区来看，制造业企业主营业务收入规模呈现为显著的梯度递增格局，下游地区制造业企业主营业务收入份额最大，上游地区份额最小（见图 4-1）。2019 年，下游地区制造业企业主营业务收入占长江经济带比重高达 57.4%，而上游地区制造业企业主营业务收入占长江经济带比重仅为 17.61%②。然而，从制造业企业主营业务收入增长速度来看，中游地区最快，下游地区最慢。中游地区和上游地区制造业企业主营业务收入占长江经济带比重呈稳步上升态势，下游地区呈逐步下降态势。长江经济带中游地区制造业企业主营业务收入由 2010 年的 44819.98 亿元稳步增长至 2019 年的 110166.43 亿元，年均增长 10.51%，占长江经济带制造业企业主营业务收入比重由 2010 年的 18.57% 快速提升至 2019 年的 24.99%；长江经济带上游地区制造业企业主营业务收入保持平稳较快增长态势，由 2010 年的 32405.4 亿元稳步增长至 2019 年的 77634.53 亿元，年均增长 10.19%；长江经济带下游地区作为全国制造业企业增收的主力军，制造业企业主营业务收入保持平稳增长态势，由 2010 年的 164066.8 亿元稳步增长至 2019 年的 253079.58 亿元，年均增长 4.93%，年均增长速度相对较慢，下游地区制造业发展的规模优势正逐步向中上游地区特别是中游地区转移。

从长江经济带沿线 11 省份来看，2010~2019 年，长江经济带沿线 11 省份制造业企业主营业务收入普遍呈现为上升趋势，但增长差异较大（见图 4-2）。从主营业务收入规模来看，江苏、浙江、湖北规模最大。其中，江苏制造业企业主营

---

①② 数据来源于《中国统计年鉴》（2011-2020）、《中国工业经济统计年鉴》（2011-2012）、《中国工业统计年鉴》（2013-2020）。

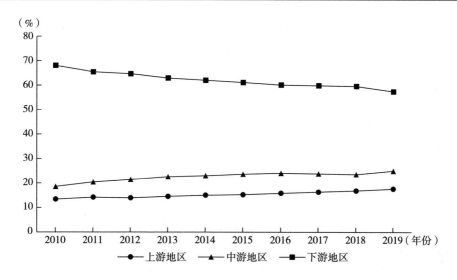

图 4-1 2010~2019 年长江经济带上中下游地区制造业企业主营业务收入变化趋势

资料来源：根据相关年份《中国统计年鉴》《中国工业经济统计年鉴》《中国工业统计年鉴》整理。

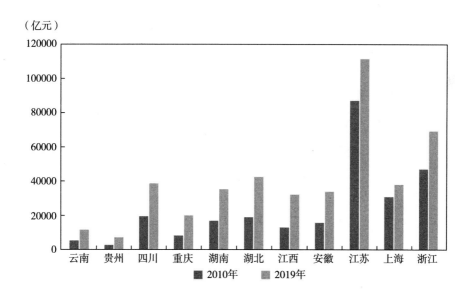

图 4-2 2010 年、2019 年长江经济带沿线 11 省份制造业企业主营业务收入对比

资料来源：根据相关年份《中国统计年鉴》《中国工业经济统计年鉴》《中国工业统计年鉴》整理。

业务收入最高，占长江经济带比重为 25.34%，贵州最低，占长江经济带比重仅为 1.63%。从主营业务收入增速来看，贵州、云南、重庆、江西较高。其中，贵州制造业企业主营业务收入增长最快，年均增速为 13.67%。究其原因，贵州、云南蕴藏着丰富的有色金属及矿产资源，且拥有独特的地理气候条件，有色金属加工业以及烟、酒和精制茶对制造业收入增长贡献不断提升。重庆、江西得益于长江经济带发展、中部地区崛起等国家战略叠加为制造业发展带来新机遇和新动力，大力发展优势制造业；上海、江苏、浙江近年来积极淘汰落后产能，不断推动制造业向高端化、智能化、绿色化、服务化发展，处于转型升级的关键时期，制造业企业营收相对增长缓慢，占长江经济带制造业企业主营业务收入的比重持续降低。

二、长江经济带制造业企业利润总额

长江经济带制造业效益稳步提升，制造业发展优势明显。2010～2019 年，长江经济带制造业企业利润总额保持较快增长态势，由 2010 年的 16833.67 亿元增长至 2019 年的 27932.64 亿元，年均增长 5.79%，高于全国制造业企业利润总额增速，但略低于长江经济带制造业企业主营业务收入增速。究其原因，要素成本不断上升在一定程度上挤压了长江经济带制造业利润空间，且长江经济带制造业总体处于价值链中低端，产品附加值较低，导致制造业企业利润不高。长江经济带制造业企业利润总额占全国比重稳步提升，由 2010 年的 39.56% 持续上升至 2019 年的 50.5%，上升 10.94 个百分点。究其原因，长江经济带制造业发展层次提升速度较快，着力增加产品技术含量和附加值，且随着综合交通枢纽建设不断完善，各种运输方式衔接更加有效，运输能力不断增强，运输成本不断降低，从而能够获取更大的利润空间。

长江经济带上中下游地区制造业企业利润总额呈现平稳的梯度递增格局，下游地区最高，上游地区最低，且上中下游地区之间制造业效益差距正在不断缩小。从制造业企业利润总额增长速度来看，上游地区最快，下游地区最慢。上游地区制造业企业利润总额呈快速增长态势，由 2010 年的 2283.92 亿元持续增加至 2019 年的 5184.61 亿元，年均增长 9.54%，占长江经济带比重由 2010 年的 13.57%逐步上升至 2019 年的 18.56%；中游地区制造业企业利润总额保持平稳较快增长态势，由 2010 年的 3355.48 亿元逐步增加至 2019 年的 6874.74 亿元，年均增长 8.3%，占长江经济带比重由 2010 年的 19.93%逐步上升至 2019 年的 24.61%；下游地区制造业企业利润总额呈平稳增长态势，由 2010 年的 11194.27 亿元增长至 2019 年的 15873.29 亿元，年均增长 3.96%，占长江经济带比重由 2010 年的 66.5%逐步下降至 2019 年的 56.83%。这表明上游和中游地区正着力塑造制造业发展优势，注重研发和创新，引入先进的生产技术和设备，不断改进产品和推出新产品，因而制造业企业利润总额上升较快（见图 4-3）。

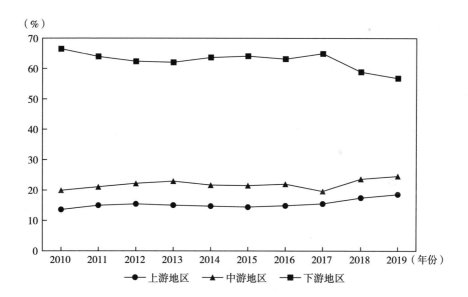

图 4-3 2010~2019 年长江经济带上中下游地区制造业企业利润总额变化趋势

资料来源：根据相关年份《中国统计年鉴》《中国工业经济统计年鉴》《中国工业统计年鉴》整理。

长江经济带沿线 11 省份制造业效益差异显著，制造业发展基础较为雄厚的省份先发优势越发凸显，成为引领长江经济带制造业发展的生力军。从制造业利润总额规模来看，江苏、浙江、湖北、上海较高。其中，江苏制造业利润总额最高，2019 年占长江经济带比重为 22.97%，云南最低，占长江经济带比重仅为

2.63%。从制造业利润总额增速来看，贵州、江西、重庆较快。其中，贵州制造业利润总额增长最快，增速为17.48%，江苏最慢，增速为1.97%。究其原因，贵州近年来大力培育发展新一代信息技术产业，以数字化转型赋能制造业发展，推动磷煤化工、铝及铝加工、烟草和特色食品等传统制造业改造提升，给制造业企业利润总额创造出较大贡献（见图4-4）。

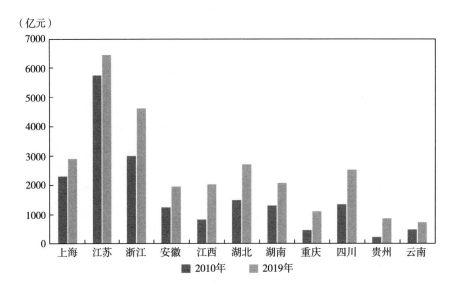

图4-4 2010年、2019年长江经济带沿线11省份制造业企业利润总额对比

资料来源：根据相关年份《中国统计年鉴》《中国工业经济统计年鉴》《中国工业统计年鉴》整理。

三、长江经济带制造业企业资产总计

长江经济带制造业企业资产雄厚，制造业根基扎实。2010~2019年长江经济带制造业企业资产呈加快增长态势，由2010年的189202.05亿元稳步增长至2019年的412538.53亿元，年均增长率高达9.05%，长江经济带制造业企业资产积累较快，有利于制造业创新驱动转型升级。长江经济带制造业企业资产占全国比重由2010年的42.04%增长至2019年的45.27%，呈现为小幅上涨趋势，总体增速与全国相当，长江经济带与长江经济带以外地区制造业企业资产呈现出较为均衡的增长态势。这表明长江经济带以占全国1/5的国土空间集聚了全国近一半

的制造业企业资产，在全国制造业格局中作用地位突出。

　　长江经济带上中下游地区制造业企业资产规模呈梯度递增格局，下游地区拥有长江经济带大部分制造业企业资产，但有向中上游地区转移的趋势，上游地区制造业企业资产最低。2019 年，下游地区制造业企业资产占长江经济带比重为62.03%，中游地区占长江经济带比重为 20.16%，上游地区占长江经济带比重为17.81%。然而，从上中下游地区制造业企业资产增长速度来看，中游地区最快，上游地区其次，而下游地区最慢。2019 年，长江经济带上游地区制造业企业资产为 73456.50 亿元，资产规模相比 2010 年增加 151.4%，年均增长率为10.79%。中游地区制造业企业资产由 2010 年的 32513.11 亿元高速增长至 2019年的 83183.37 亿元，年均增长率高达 11%；下游地区制造业企业资产由 2010 年的 127470.80 亿元增长至 2019 年的 255898.66 亿元，年均增长率为 8.05%，明显低于中游和上游地区增速。究其原因，虽然制造业企业资产仍集中于下游地区，但中游和上游地区持续优化营商环境，加快建设承接产业转移示范区，积极承接来自下游地区的制造业企业转移，因此制造业企业资产规模增速较快（见图 4-5）。

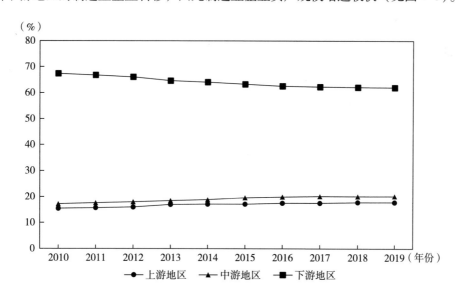

图 4-5　2010~2019 年长江经济带上中下游地区制造业企业资产总计变化趋势

资料来源：根据相关年份《中国统计年鉴》《中国工业经济统计年鉴》《中国工业统计年鉴》整理。

2010~2019 年，长江经济带沿线 11 省份制造业企业资产均保持较快增长态势，但存在明显差异，整体来看增长速度与资产总量呈负向相关关系。从资产规模来看，江苏、浙江、上海、湖北规模最大。其中，江苏制造业企业资产规模为长江经济带沿线 11 省份之首，占长江经济带比重为 26.18%；贵州最低，占长江经济带比重仅为 2.39%。从资产增速来看，贵州、江西、重庆、安徽增速较快，增速最快的为贵州，年均增速高达 14.61%；上海增速最慢，仅为 6.57%。究其原因，贵州近年来注重扩大有效投资，以数字经济为抓手带动制造业项目建设；江西拥有丰富的有色金属资源，着力打造有色金属万亿级产业集群；重庆、安徽近年来积极承接制造业转移，新能源汽车、新一代电子信息等制造业发展势头良好；江苏、浙江、上海 3 省份制造业起步较早，发展基础雄厚，正处于由数量型向质量型转变的窗口期，因而制造业企业资产增速相对较慢（见图 4-6）。

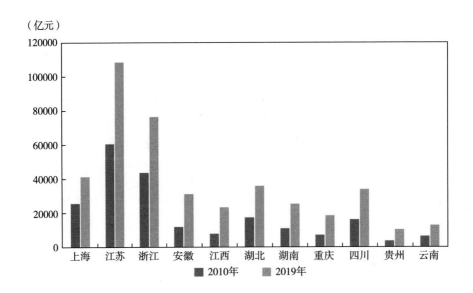

图 4-6　2010 年、2019 年长江经济带沿线 11 省份制造业企业资产总计对比

资料来源：根据相关年份《中国统计年鉴》《中国工业经济统计年鉴》《中国工业统计年鉴》整理。

第二节　长江经济带制造业结构特征

一、长江经济带制造业同构性

1. 评价方法

选取结构相似系数法测算长江经济带制造业同构性。公式如下：

$$S_{ij} = \sum_{k=1}^{n} (X_{ik}X_{ij}) \bigg/ \sqrt{\sum_{k=1}^{n} X_{ik}^2 \sum_{k=1}^{n} X_{jk}^2} \qquad (4-1)$$

式（4-1）中，S_{ij} 是 i 地区与 j 地区相应的制造业结构相似系数；X_{ik} 和 X_{jk} 是部门 k 在地区 i 和地区 j 的制造业产值所占比重。$S_{ij} \in [0, 1]$。

2. 指标选取与数据来源

选取 2010~2019 年长江经济带沿线 11 省份制造业 31 个细分行业就业人数、产值为指标，研判长江经济带沿线 11 省份制造业同构性特征。相关数据均来源于历年《中国统计年鉴》《中国城市统计年鉴》《中国工业经济统计年鉴》《中国工业统计年鉴》，以及 EPS 数据库、中经网统计数据库等。

3. 测算结果

2010~2019 年，长江经济带制造业结构相似系数值较高，平稳保持在 0.910~0.950，制造业同构性问题不容忽视。从长江经济带上中下游地区来看，中游地区制造业同构性最高，下游地区其次，上游地区最低（见图 4-7）。

长江经济带上游地区制造业同构性呈较快下降态势，制造业结构相似系数值从 2010 年的 0.885 降低至 2019 年的 0.830。上游地区 4 省份均有所降低，其中，制造业结构相似系数值最大的地区为贵州—云南，但近年来有所降低，表明贵州与云南制造业呈现较强的趋同性，但正在积极谋求制造业差异化发展。制造业结

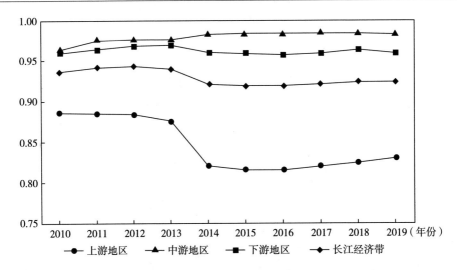

图 4-7 2010~2019 年长江经济带上中下游地区制造业结构相似系数值

资料来源：根据测算结果整理。

构相似系数值最小的地区为重庆—云南，且呈逐年下降态势，表明重庆与云南制造业结构差异性较大（见表 4-1）。

表 4-1 2010~2019 年长江经济带上游地区制造业同构性测算结果

地区	2010 年	2011 年	2013 年	2015 年	2017 年	2019 年
重庆—四川	0.992	0.907	0.911	0.906	0.899	0.883
重庆—贵州	0.855	0.849	0.823	0.674	0.707	0.749
重庆—云南	0.703	0.695	0.686	0.573	0.551	0.570
四川—贵州	0.963	0.973	0.961	0.901	0.933	0.962
四川—云南	0.901	0.919	0.897	0.848	0.857	0.854
贵州—云南	0.968	0.967	0.978	0.991	0.973	0.963

资料来源：根据测算结果整理。

长江经济带中游地区制造业同构性呈缓慢上升态势，制造业结构相似系数值从 2010 年的 0.963 提高至 2019 年的 0.983，表明制造业结构趋同问题越发严重。

江西—湖南、江西—湖北、湖北—湖南的制造业同构性均呈逐年小幅提升态势，其中，湖北与湖南制造业同构性问题最为严重（见表4-2）。

表4-2 2010~2019年长江经济带中游地区制造业同构性测算结果

地区	2010 年	2011 年	2013 年	2015 年	2017 年	2019 年
江西—湖北	0.934	0.957	0.957	0.970	0.971	0.972
江西—湖南	0.975	0.972	0.971	0.983	0.984	0.984
湖北—湖南	0.981	0.995	0.999	0.996	0.994	0.992

资料来源：根据测算结果整理。

长江经济带下游地区制造业结构相似系数变化趋势较为平稳，保持在0.959上下波动的较高水平，制造业结构趋同问题较为突出。上海—江苏、上海—浙江、上海—安徽制造业同构性均有所下降，但江苏—安徽、浙江—安徽呈上升态势，表明长江经济带下游地区4省份中，上海与其他3省份之间不断加强分工合作和错位发展，而安徽承接了一批来自江苏、浙江的制造业，与江苏、浙江制造业结构趋同问题越发明显（见表4-3）。

表4-3 2010~2019年长江经济带下游地区制造业同构性测算结果

地区	2010 年	2011 年	2013 年	2015 年	2017 年	2019 年
上海—江苏	0.989	0.988	0.995	0.978	0.969	0.981
上海—浙江	0.944	0.936	0.952	0.896	0.901	0.920
上海—安徽	0.914	0.928	0.933	0.932	0.928	0.909
江苏—浙江	0.981	0.977	0.979	0.966	0.975	0.977
江苏—安徽	0.958	0.972	0.963	0.984	0.986	0.970
浙江—安徽	0.968	0.984	0.992	0.996	0.998	0.999

资料来源：根据测算结果整理。

从长江经济带沿线11省份来看，各省份内部制造业结构相似系数值差异显著。2019年，浙江、江西、安徽、江苏、湖南制造业结构相似系数值最高，表明浙江、江西、安徽、江苏、湖南5省份制造业趋同问题最为严重。贵州、重庆等省份制造业结构相似系数值较低，全省制造业差异化分工布局态势良好（见表4-4）。

表4-4　2010~2019年长江经济带沿线11省份制造业同构性测算结果

地区	2010 年	2011 年	2013 年	2015 年	2017 年	2019 年
上海	0.892	0.889	0.886	0.861	0.855	0.890
江苏	0.934	0.937	0.918	0.930	0.933	0.944
浙江	0.943	0.952	0.951	0.953	0.955	0.957
安徽	0.962	0.965	0.962	0.952	0.953	0.954
江西	0.911	0.925	0.923	0.929	0.929	0.956
湖北	0.962	0.965	0.959	0.948	0.946	0.935
湖南	0.948	0.959	0.957	0.952	0.952	0.938
重庆	0.917	0.917	0.917	0.866	0.865	0.854
四川	0.942	0.943	0.937	0.934	0.938	0.937
贵州	0.922	0.922	0.904	0.864	0.881	0.900
云南	0.846	0.844	0.826	0.811	0.801	0.798

资料来源：根据测算结果整理。

二、长江经济带制造业结构合理化水平

1. 评价方法

采用结构偏离度衡量制造业结构合理化水平。公式如下：

$$Dev = \sum_{i=1}^{n} \left| \frac{Y_i/L_i}{Y/L} - 1 \right| = \sum_{i=1}^{n} \left| \frac{Y_i/Y}{Y_i/L} - 1 \right| \qquad (4-2)$$

式（4-2）中，Dev 表示制造业结构偏离度，Y 表示产值，L 表示就业人数，n 表示制造业细分行业数，i 表示某制造业细分行业。本书将制造业细分行业的相对重要性纳入分析框架，因此引入泰尔指数（Theil index）对公式（4-2）进

行改进。改进后的公式如下：

$$Tl = \sum_{i=1}^{n} \left(\frac{Y_i}{Y} \right) \ln\left(\frac{Y_i/Y}{L_i/L} \right) \tag{4-3}$$

式（4-3）中，Tl 表示制造业结构与均衡状态之间的偏离度，$Tl \in [0, 1]$，Tl 数值越大，制造业结构与均衡状态之间的偏离度越大；Tl 数值越小，制造业结构与均衡状态之间的偏离度越小；当 $Tl = 0$ 时，制造业结构与均衡状态之间的偏离度为 0，制造业结构达到均衡状态。$1-Tl$ 表示制造业结构合理化水平，$1-Tl$ 数值越大，则说明制造业结构越合理；$1-Tl$ 数值越小，则说明制造业结构越不合理；当 $1-Tl = 1$ 时，制造业结构合理化水平达到最高。

2. 指标选取与数据来源

选取 2010~2019 年全国 30 省份（不含西藏和港澳台地区）地区生产总值、制造业细分行业产业增加值以及从业人员数，测算制造业结构合理化水平。相关数据来源于《中国统计年鉴》（2011~2020）、《中国城市统计年鉴》（2011~2020）以及各省份统计年鉴。

3. 测算结果

从全国尺度来看，长江经济带制造业结构合理化水平较高，高于全国以及长江经济带以外地区。2010~2019 年，全国、长江经济带、长江经济带以外地区制造业结构合理化水平呈现上升态势。长江经济带制造业结构合理化水平由 2010 年的 0.741 上升至 2019 年的 0.844，年均增长 1.46%；长江经济带以外地区制造业结构合理化水平由 2010 年的 0.744 上升至 2019 年的 0.822，年均增长 1.11%。这表明长江经济带制造业结构合理化水平高于长江经济带以外地区（见表 4-5）。

表 4-5 2010~2019 年全国、长江经济带、长江经济带
以外地区制造业结构合理化水平

地区	2010 年	2011 年	2013 年	2015 年	2017 年	2019 年
全国	0.743	0.739	0.770	0.798	0.804	0.830
长江经济带	0.741	0.748	0.777	0.813	0.825	0.844

续表

地区	2010 年	2011 年	2013 年	2015 年	2017 年	2019 年
长江经济带以外地区	0. 744	0. 734	0. 765	0. 790	0. 792	0. 822
长江经济带上游地区	0. 561	0. 587	0. 645	0. 707	0. 740	0. 768
长江经济带中游地区	0. 768	0. 763	0. 781	0. 807	0. 807	0. 828
长江经济带下游地区	0. 900	0. 899	0. 907	0. 922	0. 925	0. 933

资料来源: 根据测算结果整理。

近年来, 制造业发展面临国内外压力, 从国内来看, 传统制造业产能过剩, 高耗能制造业占比过高, 劳动力红利渐失; 从国际来看, 高端制造业回流、劳动密集型产业外迁、外资撤出等现象时有发生, 因此制造业结构合理化水平在 2018 年前后经历了小幅下降 (见图 4-8)。

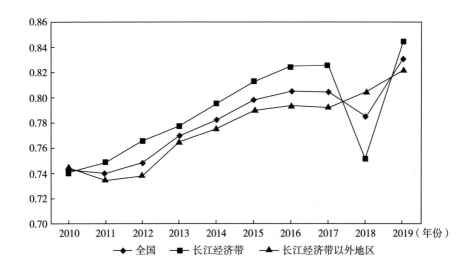

图 4-8 2010~2019 年全国、长江经济带、长江经济带以外地区制造业结构合理化水平

资料来源: 根据测算结果整理。

从长江经济带上中下游地区来看, 2010~2019 年, 上中下游地区制造业结构合理化水平均表现为上升趋势, 并呈显著的梯度递减格局。其中, 下游地区制造业结构合理化水平最高，上游地区最低。从制造业结构合理化水平提高幅度来看，下游地区制造业结构合理化水平由 2010 年的 0.900 提升至 2019 年的 0.933，年均增长率为 0.40%；中游地区制造业结构合理化水平由 2010 年的 0.768 提升至 2019 年的 0.828，年均增长率为 0.84%；上游地区制造业结构合理化水平由 2010 年的 0.561 提升至 2019 年的 0.768，年均增速为 3.55%。可见，下游地区和中游地区制造业结构合理化水平提升速度显著慢于上游地区。究其原因，上游地区制造业起步晚、基础较为薄弱，近年来依托成渝城市群、滇中城市群和黔中城市群，合理布局一批电子信息、新能源汽车、高端装备等先进制造业，并大力推进制造业数字化转型，以数字技术优化制造业结构。中游地区近年来一手化解过剩产能，加快钢铁、石油化工等传统制造业绿色化发展；另一手培育光电子信息、新能源和智能网联汽车、生物医药等新型制造业。下游地区制造业发展较为成熟，合理化水平变化幅度较小（见图 4-9）。

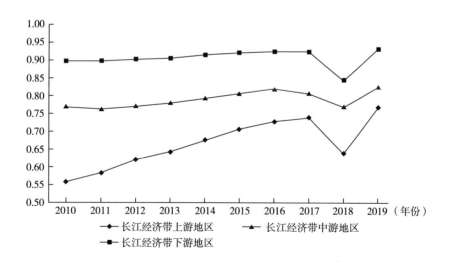

图 4-9 2010~2019 年长江经济带上中下游地区制造业结构合理化水平

资料来源：根据测算结果整理。

从长江经济带沿线 11 省份来看，2010~2019 年，各省份制造业结构合理化水平存在较大的差异性。其中，上海、浙江、江苏制造业结构合理化水平最高，江西、安徽、重庆、四川、湖北其次，湖南、云南、贵州最低。从制造业结构合理化水平增长速度来看，贵州、云南、重庆增长率最高，湖北、四川、江西、安徽其次，上海、浙江、江苏增长率最低。其中，贵州增长最快，制造业结构合理化水平年均增长率高达 7.84%。沿线 11 省份制造业结构合理化水平极差值由 0.645 缩小至 0.317，年均下降 7.6%，表明长江经济带沿线 11 省份制造业结构合理化水平虽存在显著差异，但该差异呈缩小趋势。长江经济带沿线 11 省份中有 7 省份制造业结构合理化水平高于全国平均水平，可见长江经济带在全国制造业转型升级进程中发挥重要引领作用（见表 4-6）。

表 4-6　2010~2019 年长江经济带沿线 11 省份制造业结构合理化水平

地区	2010 年	2011 年	2013 年	2015 年	2017 年	2019 年
上海	0.983	0.983	0.971	0.977	0.979	0.983
江苏	0.901	0.911	0.916	0.927	0.927	0.944
浙江	0.935	0.945	0.944	0.943	0.947	0.952
安徽	0.782	0.758	0.797	0.843	0.845	0.852
江西	0.821	0.821	0.848	0.874	0.877	0.895
湖北	0.697	0.692	0.727	0.775	0.798	0.822
湖南	0.785	0.776	0.768	0.772	0.744	0.765
重庆	0.655	0.689	0.788	0.821	0.835	0.855
四川	0.765	0.760	0.775	0.819	0.836	0.843
贵州	0.338	0.360	0.429	0.579	0.638	0.666
云南	0.488	0.537	0.588	0.611	0.650	0.707

资料来源：根据测算结果整理。

三、长江经济带制造业结构高级化水平

1. 评价方法

制造业结构高级化是指制造业由低附加值、劳动密集型向资本密集型和技术

密集型转变的过程。参考干春晖等（2011）基于两类产业产值之比测度产业结构高级化的方法，采用技术密集型制造业与劳动密集型制造业、资本密集型制造业产值来衡量制造业结构高级化水平。

从制造业结构变迁路径来看，从以劳动密集型产业为主向资本和技术密集型变迁，高技术制造业、先进制造业成为制造业主体部分。具体至细分产业层面，产业结构变迁表现为从以资源粗加工为主的劳动密集型行业、资本密集型的重工业向高技术含量、高知识密度、高附加值的技术密集型行业转变（赵昕东、刘成坤，2019）。参考已有文献，本书将制造业细分行业分为劳动密集型、资本密集型和技术密集型三类（见表4-7）。

表4-7　劳动密集型、资本密集型、技术密集型制造业分类

行业类型	细分行业
劳动密集型	农副食品加工业，食品制造业，纺织业，纺织服装、服饰业，皮革、皮毛、羽毛及其制品和制鞋业，木材加工和木、竹、藤、棕、草制品业，家具制造业，印刷和记录媒介复制业，文教、工美、体育和娱乐用品制造业，橡胶和塑料制品业，非金属矿物制品业，金属制品业
资本密集型	酒、饮料和精制茶制造业，烟草制品业，造纸和纸制品业，石油、煤炭及其他燃料加工业，化学原料和化学制品制造业，化学纤维制造业，黑色金属冶炼和压延加工业，有色金属冶炼和压延加工业，通用设备制造业
技术密集型	医药制造业，专用设备制造业，汽车制造业，铁路、船舶、航空航天和其他运输设备制造业，电气机械和器材制造业，计算机、通信和其他电子设备制造业，仪器仪表制造业，金属制品、机械和设备修理业，废弃资源综合利用业

资料来源：根据相关资料整理。

测算制造业结构高级化水平公式如下：

$$Up = \frac{Y_{tec}}{Y_{lab} + Y_{cap}} \tag{4-4}$$

式（4-4）中，Up 表示制造业结构高级化水平，Y_{tec} 表示技术密集型制造业产值，Y_{lab} 表示劳动密集型制造业产值，Y_{cap} 表示资本密集型制造业产值。Up 数值越大，则表明制造业结构越高级。

2. 指标选取与数据来源

选取 2010~2019 年全国 30 省份（不含西藏和港澳台地区）制造业细分行业产值来测算制造业结构高级化水平。相关数据来源于《中国统计年鉴》（2011~2020）、《中国城市统计年鉴》（2011~2020）以及各省份统计年鉴。

3. 测算结果

2010~2019 年，全国、长江经济带、长江经济带以外地区制造业结构高级化水平呈现上升态势。从全国范围来看，2019 年，长江经济带制造业结构高级化水平已高于全国以及长江经济带以外地区（见表 4-8）。

表 4-8　2010~2019 年全国、长江经济带、长江经济带
以外地区制造业结构高级化水平

地区	2010 年	2011 年	2013 年	2015 年	2017 年	2019 年
全国	8.746	10.343	11.684	12.276	13.710	15.124
长江经济带	7.554	8.855	10.297	11.172	13.274	16.012
长江经济带以外地区	9.437	11.204	12.486	12.916	13.963	14.610
长江经济带上游地区	6.552	7.657	8.852	9.668	11.256	13.630
长江经济带中游地区	5.969	7.354	8.746	9.871	11.767	14.304
长江经济带下游地区	9.745	11.177	12.905	13.651	16.422	19.674

资料来源：根据测算结果整理。

长江经济带制造业结构高级化水平由 2010 年的 7.554 上升至 2019 年的 16.012；全国制造业结构高级化水平由 2010 年的 8.746 上升至 2019 年的 15.124；长江经济带以外地区制造业结构高级化水平由 2010 年的 9.437 上升至 2019 年的 14.610（见图 4-10）。

从长江经济带上中下游地区来看，2010~2019 年，上中下游地区制造业结构高级化水平均表现为持续上升趋势，并表现为显著的梯度递减格局，其中，下游地区制造业结构高级化水平最高，上游地区最低。从制造业结构高级化水平提高幅度来看，下游地区制造业结构高级化水平由 2010 年的 9.745 提升至 2019 年的

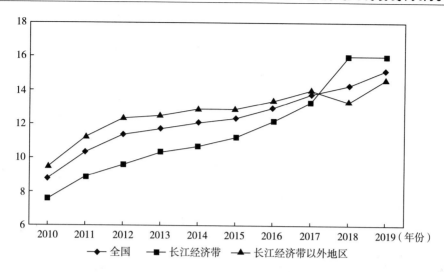

图 4-10 2010~2019 年全国、长江经济带、长江经济带以外地区制造业高级化水平

资料来源：根据测算结果整理。

19.674；中游地区制造业结构高级化水平由 2010 年的 5.969 提升至 2019 年的 14.304；上游地区制造业结构高级化水平由 2010 年的 6.552 提升至 2019 年的 13.630。长江经济带下游地区技术密集型制造业快速发展，上海、江苏、浙江、安徽 4 省份将电子信息、生物医药、高端装备制造、新能源汽车等行业作为新兴产业发展的重点。中游地区制造业结构高级化水平增长最快，中游地区 3 省份自然资源禀赋丰富，制造业发展特色和优势突出。例如，武汉都市圈的汽车、钢铁、盐化工、装备制造等制造业在全国具有较大影响力，且拥有"光芯屏端网"等高技术制造业，其中光电子产业有"中国光谷"的美誉；长株潭城市群在高端装备制造、电子信息等行业具有明显的规模和技术优势；环鄱阳湖城市群生物医药、新一代信息技术等制造业发展迅速。上游地区制造业高级化水平有所上升，承接了一批来自中下游地区的制造业转移，结合自身优势，发展新能源汽车、高端装备、生物医药等高技术制造业，并注重以数字经济驱动制造升级（见图 4-11）。

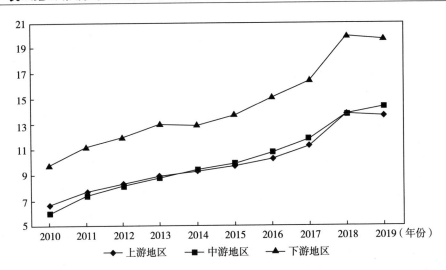

图4-11 2010~2019年长江经济带上中下游地区制造业高级化水平

资料来源：根据测算结果整理。

从长江经济带沿线11省份来看，2010~2019年，各省份制造业结构高级化水平存在较大的差异性。其中，上海、江苏、浙江制造业结构高级化水平最高，重庆、湖北、湖南其次，安徽、江西、四川、贵州、云南最低。从制造业结构高级化水平增长速度来看，湖南、湖北、安徽、四川、江苏增长率最高，云南、贵州、浙江、江西其次，重庆、上海增长率最低。其中，湖南增长最快，上海最慢，制造业结构高级化水平年均增速分别为11.46%和6.44%。制造业结构高级化水平极差值由11.66扩大至17.8，年均增长4.81%，这表明长江经济带沿线11省份制造业结构高级化水平存在显著差异，并表现为分化更加明显的趋势。长江经济带沿线11省份中有6省份制造业结构高级化水平高于全国平均水平，可见长江经济带在全国制造业结构高级化发展进程中发挥引领作用（见表4-9）。

表4-9 2010~2019年长江经济带沿线11省份制造业结构高级化水平

地区	2010年	2011年	2013年	2015年	2017年	2019年
上海	16.096	17.778	19.947	19.017	22.905	28.22
江苏	10.041	11.747	14.173	16.437	20.083	22.68
浙江	8.409	9.582	11.144	12.573	14.839	17.39

续表

地区	2010 年	2011 年	2013 年	2015 年	2017 年	2019 年
安徽	4.432	5.602	6.356	6.578	7.861	10.41
江西	5.106	6.224	7.142	7.828	9.133	10.97
湖北	7.091	8.753	10.343	11.529	13.430	16.78
湖南	5.709	7.085	8.753	10.256	12.740	15.16
重庆	8.757	10.194	10.264	11.930	14.447	17.12
四川	5.264	6.513	7.853	8.170	9.679	11.97
贵州	6.408	7.536	9.403	9.919	11.336	13.17
云南	5.780	6.386	7.888	8.654	9.560	12.26

资料来源：根据测算结果整理。

当前，长江经济带制造业结构性矛盾较为突出，主要表现为低端供给过剩和高端供给不足。虽然长江经济带制造业总体规模相对全国占比不断提升，但是高端制造业占比仍然不足，中低端制造业比重较大。沿江地区大部分制造业企业创新能力较低，缺乏产品自主设计能力，且升级改造进程缓慢，制造业发展层次不高。一些制造业企业长期依靠打价格战生存发展，不注重开展新产品研发活动，这种低水平重复限制了其产品创新能力提高，产品附加值也相应处于较低水平而难以实现跃升。长江经济带制造业领域虽然涌现出一批具有国际影响力的知名品牌，但领先企业和国际品牌数量匮乏，世界品牌500强制造业企业屈指可数，重点产业和支柱产业规模大而不强，产品总体为附加值、技术含量较低的制造业产品，与全球生产网络相互嵌入与融合的程度不高。长江经济带制造业分工结构不合理，服务型制造业发展滞后，绝大多数制造业仍采用传统发展模式，处于基本服务阶段而并未开展深度服务，重视制造业的生产环节、经营销售而不够关注制造业服务领域与产品的个性化定制服务。长江经济带制造业组织结构较为松散，上中下游地区之间联动严重不足，众多地区将高端装备制造业、生物医药、汽车制造业、新材料、新能源、节能环保等制造业列为地区主导产业或者优先发展的产业，同质化、重复建设问题突出，产业结构趋同现象明显，尚未形成差别化、梯度衔接的协同发展局面。钢铁、石化、建材等传统制造业占比过高且产能过剩现象仍然突出，造船、汽车、机械等制造业产能过剩风险也逐步显现。加之发达国家重振制造业战略与新兴经济体承接劳动密集型产业对中国制造业转型发展产生了双向挤压效应，对长江经济带制造业健康可持续发展造成阻碍。

第三节　长江经济带世界级制造业集群发展概况

2014 年 9 月，国家首次明确指出长江经济带要培育发展电子信息等五大世界级制造业集群。国家陆续出台一系列政策文本，致力于打造电子信息、高端装备、汽车、家电、纺织服装等世界级制造业集群，让长江经济带在制造强国建设进程中发挥引领作用。本节概述长江经济带世界级制造业集群发展现状、重点领域与主要方向。

一、电子信息产业集群

长江经济带是中国电子信息产业的主要集聚区，尤其是长江经济带下游地区，是全国电子信息产业的排头兵。下游地区 4 省份把握智能化与数字化发展新趋势，加快发展高性能集成电路、新型显示和新型电子元器件等，电子信息产业规模和劳动生产率均处于全国领先地位，已发展成为国内领先的电子信息产业高地。长江经济带中游地区电子信息产业发展势头良好，位于湖北省的武汉东湖新技术开发区是全球最大的光纤光缆生产基地、光电器件研发生产基地、激光产业基地、地球空间信息产业基地，也是全国最大的光电子产业基地，对于全国电子信息产业发展具有重要引领作用。

电子信息产业是推动长江经济带产业转型升级的重要抓手。作为战略性新兴产业的重要组成部分，电子信息产业对长江经济带传统制造业改造升级、培育新型制造业具有重大意义。长江经济带电子信息产业重点发展领域有高性能集成电路、新型平板显示、高端软件、大数据等。

在高性能集成电路领域，上海、江苏、湖北、重庆、四川重点围绕整机系统应用需求，做大做强集成电路制造业和集成电路封装测试业，构建集成电路设计、制造和封装测试协调发展格局。面向卫星导航、智能终端、汽车等，开发量大面广的新兴应用芯片，发展数模混合集成工艺、先进高压电路、射频电路、微机电系统等工艺，加快应用芯片设计及其商业化产业化应用。

在新型平板显示领域，安徽、湖北、重庆、四川重点推进新一代显示技术产业化，致力于攻克引领未来的关键核心技术和前瞻性技术，重点发展薄膜晶体管液晶显示、有机发光显示、超高清液晶显示、半导体柔性显示等产业。

在高端软件领域，上海、江苏、浙江、湖北、四川加强基础软件核心技术研发，提升发展金融、通信、电网、医疗、安防监控、智能交通等行业的软件应用水平，突破发展基础软件、大数据处理、智能终端操作、云计算操作系统等基于下一代互联网、物联网应用的嵌入式软件。同时，还要加大力度培育高端工业平台软件、高端领域应用软件等产业。

在大数据领域，贵州等有条件的省份开展数据加密、数据备份、隐私保护、电子认证、数据防伪等技术攻关，对原始数据、数据挖掘分析算法、精加工数据等数据商品先行先试，加强开发应用高性能大型通用数据库管理系统、高可信服务器操作系统、安全桌面操作系统等，建设一批大数据产业集聚高地。

长江经济带沿线 11 省份围绕电子信息产业总体布局和发展目标，立足产业发展基础和资源禀赋，出台了一系列促进电子信息产业发展的政策文本，明确电子信息产业发展的重点领域（见表 4-10）。

表 4-10　长江经济带沿线 11 省份发展电子信息产业的重点领域

省份	重点领域
上海	集成电路工艺、新型显示产业、移动通信 5G 技术、电子核心基础元器件、电子组装业、量子通信、工业互联网

省份	重点领域
江苏	人工智能、云计算、高性能集成电路、新型显示、新型电子元器件、高端软件、物联网、大数据、信息网络、信息技术服务
浙江	集成电路、新型电子元器件、新型显示、通信与网络设备、数字安防、应用电子产品、新型软件与云服务、地理信息产业、工业互联网、车联网、光电子、新兴网络信息服务、智能硬件、人工智能
安徽	新型显示、集成电路、智能终端、太阳能光伏、LED光电子、公共安全电子、工业监测和控制、智慧家居、汽车电子、健康医疗电子、新型电子材料及元器件、专用设备和仪器仪表、高端信息设备、智能传感器、北斗导航设备、低空通航电子
江西	通信设备产业、半导体照明产业、数字视听产业、集成电路产业
湖北	北斗应用及服务、系统集成服务、运维服务、信息技术咨询设计服务、集成电路设计、数字内容服务、工业应用软件、工业嵌入式软件、基础软件、网络安全软件、云计算、大数据
湖南	电子元器件、电子材料、虚拟现实、人工智能、计算机整机、集成电路、电力电子、新型显示、智能硬件、应用电子、物联网
重庆	集成电路、平板显示、通信、计算机、智能家居与智能穿戴、应用电子、云计算、互联网、物联网
四川	信息安全、集成电路、物联网、云计算、大数据、高档数控机床、特色电子器件、基础核心软件、未来网络与通信、新一代人工智能
贵州	电子商务、互联网金融、智慧物流、智慧健康、智能制造、智慧旅游、智慧农业、大数据、人工智能、软件开发、北斗应用、数据运营、数据交易、数据安全、智慧交通、智慧能矿、智慧教育、智能制造、集成电路、电子元器件、服务外包
云南	移动互联网、电子商务服务、高端软件、信息通信设备、物联传感设备、北斗导航设备、云计算、大数据

资料来源：根据相关资料整理。

2017年出台的《长江经济带产业转移指南》进一步要求沿江各省份加强国家级、省级开发区建设，进行合理化的产业分工协作，培育电子信息产业知名自主品牌，将长江经济带电子信息产业集群培育为国际先进的世界级制造业集群。在长江经济带沿线11省份中，江苏承接电子信息产业的园区数量最多，重庆、浙江、四川、安徽承接电子信息产业的园区数量较多（见表4-11）。

表4-11　长江经济带沿线11省份发展电子信息产业的主要园区

省份	数量	主要园区
上海	3	金桥经济技术开发区、张江高科技园区、紫竹国家高新技术产业开发区

续表

省份	数量	主要园区
江苏	16	南京高新技术产业开发区、南京经济技术开发区、盐南高新技术产业开发区、南京白下高新技术产业园、常州光伏产业园、淮安高新技术产业开发区、江阴高新技术产业开发区、无锡（太湖）国际科技园、无锡国家高新技术产业开发区、锡山经济技术开发区、盐城国家高新技术产业开发区、金坛经济开发区、昆山综合保税区、启东经济开发区、扬州经济技术开发区、昆山光电产业园
浙江	6	富阳经济技术开发区、杭州高新技术产业开发区、宁波保税区、宁波国家高新技术产业开发区、鄞州工业园区、东阳横店电子产业园区
安徽	5	合肥高新技术产业开发区、合肥经济技术开发区、蚌埠高新技术产业开发区、铜陵经济技术开发区、祁门经济开发区
江西	2	井冈山经济技术开发区、南昌经济技术开发区
湖北	2	武汉光谷光电子信息产业园、武汉花山软件新城
湖南	3	郴州高新技术产业开发区、衡南工业集中区、长春经济开发区
重庆	7	重庆经济技术开发区、两江新区水土高新技术产业园、巴南工业园区、两路寸滩保税港区、潼南工业园区、西永微电子产业园区、重庆高新技术产业开发区
四川	6	成都高新技术产业开发区、华蓥工业集中发展区、乐山高新技术产业开发区、双流工业集中发展区、遂宁经济技术开发区、中江高新技术产业园区
贵州	2	贵阳国家高新技术产业开发区、贵安新区电子信息产业园
云南	0	——

资料来源：根据 2017 年《长江经济带产业转移指南》相关内容整理。

二、高端装备制造业集群

2016 年印发的《长江经济带发展规划纲要》将加快发展高端装备制造业作为产业升级发展的要务之一。根据国家统计局发布的《战略性新兴产业分类（2018）》，高端装备制造业分为智能制造装备产业、航空装备产业、卫星及应用产业、轨道交通装备产业、海洋工程装备产业几大领域。

在智能制造装备产业领域，浙江、安徽等省份重点开发导航控制、自主控制、嵌入式软件芯片、无线传感器、故障自动诊断、视觉定位、系统集成等关键技术，生产精密减速器等智能制造装备关键零部件，发展工业机器人、智能仪器仪表、高档数控机床等智能制造装备。

在航空装备产业领域，上海、四川等省份重点开发航空装备机载系统、动力系统、服务系统，发展导航、卫星、遥感设备等航天专用装备以及飞机制造等航空专用装备。

在卫星及应用产业领域，江西、贵州等省份发展低轨通信卫星、低轨遥感卫星、导航增强卫星等，加强卫星在国土资源、水利交通、导航定位、测绘遥感、环境保护等方面的应用，带动卫星运营服务、空间数据应用服务、地面设备与用户终端制造等领域发展。

在轨道交通装备产业领域，湖南、安徽等省份重点发展高铁整车及零部件制造，打造全球领先的先进轨道交通装备产业集群；浙江、江苏、湖南、重庆重点围绕城市轨道交通装备制造，发展城市轨道交通综合监控系统、轨道交通信号系统等装备。其中，位于长江经济带中游地区的湖南株洲是中国最大的电力机车研发和制造基地，当前已形成较为完善的集整车生产、零部件配件制造、产品运维应用为一体的产业体系，成为中国轨道交通装备产业的重要增长极。

在海洋工程装备产业领域，湖北、湖南等省份重点攻关绿色高技术船型、核心配套装备等研制技术，培育发展海洋油气勘探与开发、海洋钻机与修井机、海滩储油装备、水下浮体、浮式生产储卸油装置、水下无人系统集成、大型液压启闭装备、海洋矿产资源勘探开发装备等海洋工程装备。

三、汽车制造业集群

2016 年发布的《长江经济带创新驱动产业转型升级方案》提出重点在上海、安徽、武汉、重庆、成都、浙江、南昌等地区，延伸发展整车制造及配套产业链，培育汽车制造业集群，并指出要大力发展新能源汽车产业。

长江经济带汽车制造业占据全国近一半的比重。以汽车生产量为例，2019 年，长江经济带汽车生产总量达到 1089.72 万辆，占全国比重为 42.44%，承载了全国近一半的生产量。长江经济带沿线 11 省份中，汽车制造业规模较大的省份有上海、湖北、重庆、浙江、江苏、安徽，2020 年汽车生产总量分别为 264.68 万辆、209.45 万辆、158.00 万辆、90.78 万辆、90.40 万辆、75.49 万辆①。

在长江经济带汽车制造业规模不断扩大的同时，汽车制造企业逐步建立自主研发体系，技术创新水平和品牌影响力不断提升。上海拥有以上海汽车、上海大众、上海通用为代表的乘用车整车制造企业；湖北拥有以东风乘用车、东风商用车、东风本田为代表的整车制造企业，以及以三环集团、程力集团、襄阳轴承为代表的汽车零部件制造企业；重庆拥有金冠、铁马、凯瑞、重汽、望江、穗通、五洲龙、长帆、大江等整车制造企业；安徽拥有以奇瑞汽车和江淮汽车为龙头的整车制造企业；浙江拥有吉利汽车、众泰汽车等整车制造企业，以及万向集团、宁波华翔、万安集团等汽车零部件制造企业；江苏拥有以东风悦达起亚、亚星客车、金龙客车为代表的整车制造企业，以及越博动力、泉峰汽车、汇众车业、康尼机电、永成汽车等汽车零部件制造企业。其中，上海汽车集团股份有限公司、沃尔沃集团、东风汽车公司、浙江吉利控股集团持续位居世界 500 强企业榜单。

截至 2018 年，长江经济带发展汽车制造业的产业园区共有 108 家，江苏、湖北、浙江、安徽、重庆、上海拥有的园区数量最多，拥有的汽车制造业园区数量分别为 17 家、16 家、15 家、13 家、13 家、10 家，占长江经济带汽车制造业园区数量比重分别为 15.74%、14.81%、13.89%、12.04%、12.04%、9.26%。四川、云南、贵州汽车制造业园区最少，四川仅有 5 家，云南、贵州分别仅有 1 家。

四、家电产业集群

家电产业是在长江经济带发挥支柱作用的传统制造业，在保障长江经济带经济平稳增长、加快制造业创新驱动发展进程中发挥着重要作用。长江经济带大力发展家电产业，一是提高家电产业集群创新能力，目前已建成一大批家电生产基地、全球性研发中心，推动形成集共性技术攻关、前沿技术研究、新产品开发、管理模式创新于一体的创新体系；二是推进家电产业集群绿色化发展，完善绿色

---

① 数据来源于 2021 年《中国工业统计年鉴》。

供应链系统，把握节能环保方向，建设一批高水平绿色家电产业园区；三是推动家电产业集群升级发展，把握家电产业智能化、数字化发展新趋势，推动电子信息产业与家电产业深度融合，支持智能家电企业联合工业互联网服务商开展家电产业工业互联网试点示范。当前，长江经济带拥有众多国内、国际知名家电品牌，如格力、美的、海尔、长虹、创维、海信、TCL、康佳等。2020年，长江经济带四大传统家电产品产量为25644.07万台，占全国比重为44.41%。其中，家用电视机4011.48万台，家用空调10031.74万台，家用电冰箱5382.06万台，家用洗衣机6218.7万台①。

根据2017年出台的《长江经济带产业转移指南》，安徽、江苏、四川为家电产业重点发展地区，应推动家电产业集群化发展，其中，安徽重点发展家电产业的园区数量最多，占长江经济带发展家电产业园区总数的66.67%（见表4-12）。长江经济带沿线11省份中，安徽承载着较大比重的家电产业，拥有较大知名度与影响力，家电产业主要分布于合肥、滁州、芜湖、六安等地级市。

表4-12 长江经济带发展家电产业的主要园区

省份	园区	重点领域
安徽	滁州经济技术开发区	家用电器、智能家电及相关设备
	合肥高新技术产业开发区	高效节能家电
	霍山经济开发区	LED光源及灯具
	芜湖经济技术开发区	空调整机及零部件
江苏	宿迁经济技术开发区	智能家电
四川	广元经济技术开发区	LED平板电视整机及零部件

资料来源：根据2017年出台的《长江经济带产业转移指南》相关内容整理。

五、纺织服装产业集群

纺织服装产业是传统优势产业和重要民生产业。长期以来，长江经济带纺织服装产业在规模、品牌、创新等方面已形成显著优势，构建了较为成熟的纺织服

---

① 数据来源于2021年《中国工业统计年鉴》。

装产业体系。长江经济带沿线各省份注重加大产品设计环节投入，推进纺织服装产业高端产品制造、关键技术攻关与自主品牌培育，开展大规模、个性化高级服装定制。为加快布局错位竞争、协同发展且具有明显优势的纺织产业集群，建立了三大承接纺织服装产业转移示范区，其产业定位为：安徽皖江城市带承接产业转移示范区着重承接和发展轻纺工业，江西赣南承接产业转移示范区重点承接和发展现代轻纺产业，湖北荆州承接产业转移示范区主要发展纺织服装产业。2019年11月15日，中国纺织工业联合会将纺织行业产品特色突出、产业链完整、规划目标清晰且具有可持续发展潜力的197个地区确定为纺织产业集群试点地区。长江经济带占据91席，占全国比重高达46.19%。其中，浙江占据40席，江苏占据37席，占长江经济带比重分别为43.96%、40.66%。

2017年出台的《长江经济带产业转移指南》进一步明确沿江各省份纺织服装产业发展的重点领域，明确要在浙江、江苏、上海布局一批纺织服装科技研发中心，提升高端服装设计创新水平，建设一批服装贸易中心，提高服装品牌的对外开放水平；在安徽、江西、湖南、湖北、重庆、四川布局一批纺织服装精品生产基地；在江苏、浙江推广生物质纤维技术，加快发展差别化纤维和高技术纤维等具有科技含量的棉纺织及印染精加工业；在安徽、江西、湖北、湖南、四川推广清洁印染生产和节能降耗技术；推动云南、贵州更好发挥资源优势，打造一批有地理特色的、以旅游为主题的纺织品。长江经济带发展纺织服装产业的主要园区共有35家，江苏、浙江发展纺织服装产业的主要园区数量最多，占长江经济带比重分别为28.57%、22.86%（见表4-13）。

表4-13 长江经济带发展纺织服装产业的主要园区

省份	数量	承接园区
江苏	10	苏州吴江盛泽纺织科技示范园区、高邮经济开发区、海门工业园区、江阴—睢宁工业园、江阴新桥园区、金坛经济开发区、南通家纺产业园、沭阳纺织（纤维新材料）产业园、宿迁市宿城经济开发区、盐城市纺织染整服装工业区
浙江	8	义乌经济技术开发区、长兴经济技术开发区、兰溪经济开发区、绍兴滨海工业园区、海宁经济开发区、桐乡濮院针织产业园区、绍兴袍江经济技术开发区、温州经济技术开发区

省份	数量	承接园区
安徽	1	宿州经济开发区
湖北	5	荆州经济技术开发区、荆州市沙市区岑河针织工业园、襄阳纺织服装产业园、孝感汉川马庙纺织工业园、孝感汉正服装工业城
江西	3	分宜工业园区、奉新工业园区、南昌昌东工业区
湖南	2	华容工业集中区、蓝山经济开发区
重庆	1	开县工业园区
四川	2	彭州工业集中发展区、宜宾市盐坪坝产业园
云南	1	保山工贸园区
贵州	2	碧江经济开发区、兴仁县工业园区

资料来源：根据 2017 年出台的《长江经济带产业转移指南》相关内容整理。

长江经济带纺织服装产业在全国具备较强的比较优势，然而在长期快速发展的同时也面临一些发展瓶颈与突出问题，具体表现为：服装企业多以贴牌加工为主，缺乏自主品牌，为数不多的自主品牌知名度不高，品牌影响力、辐射力、带动力比较薄弱，产品附加值较低，尤其是时尚纺织服装的创意设计能力仍然缺乏；纺织服装产业技术装备数字化程度较低，两化融合发展的内生动力不足，仍依靠低廉的劳动力成本获取竞争优势；缺乏准确的产业定位和先进的经营理念，低层次重复扩张问题正在凸显，一些纺织服装企业打价格战，存在无序竞争、恶性竞争现象，导致行业盈利空间受到挤压。

第四节　本章小结

本章从制造业规模、结构特征、世界级制造业集群发展概况三个方面研判长江经济带制造业发展现状，主要结论如下：

第一，2010~2019 年，长江经济带制造业企业主营业务收入保持平稳较快增长态势，占全国制造业企业主营业务收入比重稳步上升。长江经济带制造业企业利润总额保持较快增长趋势，制造业生产效益高于全国水平。长江经济带制造业企业资产总计呈平稳增长态势，占比略有上升。分区域来看，上中下游地区制造业企业营业收入、制造业企业利润总额、制造业企业资产总计均呈现增长态势。江苏、浙江、上海、湖北等省份制造业企业营业收入、制造业企业资产总计、制造业企业利润总额较高，云南、贵州等省份较低。

第二，从制造业同构性、制造业结构合理化、制造业结构高级化三个方面把握长江经济带制造业结构特征。从制造业同构性来看，2010~2019年，长江经济带制造业结构相似系数值较高且总体保持平稳，表明长江经济带制造业趋同问题较为严重。其中，中游地区最高，下游地区其次，上游地区最低。浙江、江西、安徽、江苏、湖南制造业趋同问题较为严重，贵州、重庆等省份制造业结构相似系数值较低。长江经济带制造业结构合理化水平高于全国及长江经济带以外地区，并呈现上升趋势，下游地区制造业结构合理化水平最高，中游地区其次，上游地区最低。各省份制造业结构合理化水平存在较大的差异性，上海、浙江、江苏制造业结构合理化水平最高，江西、安徽、重庆、四川、湖北其次，湖南、云南、贵州最低。长江经济带制造业结构高级化水平高于全国及长江经济带以外地区，呈现上升态势，下游地区制造业结构高级化水平最高，上游地区最低。具体而言，上海、江苏、浙江制造业结构高级化水平最高，重庆、湖北、湖南其次，安徽、江西、四川、贵州、云南最低。

第三，长江经济带大力发展五大世界级制造业集群，已初步具备国际竞争力和品牌影响力。长江经济带是中国电子信息产业的主要集聚区，尤其是长江经济带下游地区是全国电子信息产业的排头兵。长江经济带聚焦智能制造装备、航空装备、卫星及应用、轨道交通装备、海洋工程装备等领域，培育发展高端装备制造业集群。长江经济带承载了中国近一半的汽车生产总量，品牌影响力不断提升，是全国甚至全球汽车制造业的重要集聚区。长江经济带拥有众多国内、国际知名家电品牌，家电产品产量占据全国近一半的比重。长江经济带纺织服装产业在规模、品牌、创新等方面已形成显著优势，构建了较为成熟的纺织服装产业体系。

第五章　长江经济带制造业集聚水平
时空演变特征及影响因素研究

本章对 2010~2019 年长江经济带沿线省份和城市制造业集聚水平进行测度，分析其空间特征和行业特征，全面把握长江经济带制造业集聚水平演化趋势，进而分析长江经济带制造业集聚的影响因素，探究资源禀赋、市场规模、对外开放度、劳动力技能、交通便利度、城市规模等对长江经济带沿线城市制造业集聚水平的影响，以期为制定长江经济带制造业发展政策提供理论依据。

第一节　长江经济带制造业集聚水平及
影响因素的评估方法

一、长江经济带制造业集聚水平评估方法

1. 区位商

对于制造业集聚的测度，不仅要关注制造业集聚水平，还需对制造业集聚结构进行测度。为同时反映长江经济带制造业集聚的空间特征和结构特征，采用区

位商测算长江经济带制造业集聚专业化程度。区位商是衡量某一个地区产业集聚专业化程度的重要指标，反映的是一个地区的某个产业的生产活动在该地区总的生产活动中的占比与全国该产业的生产活动在全国总的生产活动中的占比的比例。在区位商的计算过程中，需要某一产业生产活动的相关经济指标，如从业人数、产品销售收入、总资产、工业总产值等指标。公式如下：

$$LQ_{ij} = \frac{y_{ij} / \sum_i y_{ij}}{\sum_j y_{ij} / \sum_i \sum_j y_{ij}} \tag{5-1}$$

式（5-1）中，y_{ij} 为制造业单位从业人数，$\sum_i y_{ij}$ 为年末单位从业人数，$\sum_i \sum_j y_{ij}$ 为全国城镇单位从业人数，$\sum_j y_{ij}$ 为全国制造业单位从业人数。LQ_{ij} 值越大，表明该产业在全国的专业化程度越高，若 $LQ_{ij} > 1$，则省份（城市）j 内产业 i 的集中程度高于全国平均水平，专业化程度较高；LQ_{ij} 值越小，说明该产业专业化程度越低。

2. 空间基尼系数

采用空间基尼系数测度制造业细分行业在长江经济带沿线 11 省份分布的均衡程度。公式如下：

$$G = \frac{1}{2n^2 u} \sum_i^n \sum_j^n |x_i - x_j| \tag{5-2}$$

式（5-2）中，G 代表空间基尼系数，x_i 代表地理单元 i 某细分行业从业人员数在该行业全国从业人员总数中所占的份额，u 代表各地理单元份额均值，x_j 代表地理单元 j 的某细分行业从业人员数在该行业全国从业人员总数中所占的份额，n 代表地理单元数量。

二、长江经济带制造业集聚水平影响因素评估方法

1. 基准模型

根据前文理论分析和研究假说，构建如下基准模型来考察长江经济带制造业集聚水平的影响因素：

$$Man_{it} = \alpha_0 + \alpha_1 Re_{it} + \alpha_2 Mas_{it} + \alpha_3 Ope_{it} + \alpha_4 Las_{it} + \alpha_5 Tra_{it} + \alpha_6 Urb_{it} + \alpha_7 Edu_{it} + \alpha_8 Hou_{it} +$$

$$\alpha_9 Int_{it} + \alpha_{10} Gov_{it} + \varepsilon_{it} \tag{5-3}$$

式（5-3）中，i 为长江经济带 108 个地级及以上城市截面单位；t 为时间；Man 为被解释变量制造业集聚水平；Re、Mas、Ope、Las、Tra、Urb、Edu、Hou、Int、Gov 分别表示资源禀赋、市场规模、对外开放度、劳动力技能、交通便利度、城市规模、教育水平、房价水平、互联网规模、政府干预度等制造业集聚水平的潜在影响因素；α_0 为常数项，$\alpha_1 \sim \alpha_{10}$ 为相应解释变量的回归系数；ε 为随机扰动项。

2. 空间计量模型

通过 LM 检验判断是否存在空间效应，若存在空间效应，则进一步根据空间效应类型选择适宜的面板空间模型。在基准模型（5-3）的基础上，遵照 OLS-［SLM 和 SEM］-SDM 这一路径对模型进行检验和设定，建立空间计量模型。若仅存在内生空间交互效应，则采用面板空间滞后模型（SLM）：

$$Man_{it} = \alpha_0 + \delta W Man_{it} + \alpha X_{it} + \varepsilon_{it} \tag{5-4}$$

若仅存在误差项空间交互效应，空间交互项系数（θ_i）、因变量空间滞后项系数（δ）以及回归系数（α_i）之间满足 $\theta_i = -\delta\alpha_i$ 时，则采用面板空间误差模型（SEM）：

$$\mu_{it} = \lambda W \mu_{it} + \lambda_{it} \tag{5-5}$$

若内生空间交互效应、误差项空间交互效应均存在，则采用面板空间杜宾模型（SDM）：

$$Man_{it} = \alpha_0 + \delta W Man_{it} + \alpha X_{it} + \theta W X_{it} + \varepsilon_{it} \tag{5-6}$$

式（5-6）中，i 为长江经济带 108 个地级及以上城市截面单位，t 为时间，Man 为被解释变量制造业集聚水平，X 为资源禀赋（Re）、市场规模（Mas）、对外开放度（Ope）、劳动力技能（Las）、交通便利度（Tra）、城市规模（Urb）、教育水平（Edu）、房价水平（Hou）、互联网规模（Int）、政府干预度（Gov）等制造业集聚水平的潜在影响因素。

3. 空间权重矩阵

受商品贸易、劳动力流动等外部性影响，各城市之间制造业集聚水平可能存在空间联动性。某一城市制造业集聚可能通过空间关联性而对周围其他城市制造业集聚造成影响。因此，研究制造业集聚需要在模型中纳入反映空间关系的权重矩阵。本书基于城市之间的地理距离构造了一个地理距离空间权重矩阵（W_1），以体现地理因素对制造业集聚水平的影响，其中，W_1 的元素 w_{ij} 表示 i 城市与 j 城市最近公路里程数。通过 Matlab 点乘法得到同时反映城市经济信息和地理信息的经济地理矩阵 W，使 $W = \omega W_1 + (1-\omega) W_2$。其中，$\omega$ 代表地理距离空间权重矩阵的权重，将其设定为 0.5；W_2 代表经济距离空间权重矩阵。

三、研究变量选取

（1）被解释变量：制造业集聚水平。长江经济带 108 个地级及以上城市制造业集聚水平由区位商的方法测算所得。

（2）影响因素变量：

①资源禀赋（Re）：矿产储量与开采量在一定程度上可以反映自然资源禀赋状况。选用自然资源丰裕度与采掘业从业人员比重（%）的加权值来表征资源禀赋。具体而言，采掘业从业人员数占总就业人数的比重以及能源、金属类矿产资源、非金属类矿产资源等自然资源丰裕度的综合指数可以较好体现自然资源禀赋（陈运平等，2018）。

②市场规模（Mas）：市场规模和市场潜力是制造业企业选址的重要因素。制造业企业会为更加靠近中心市场以提高市场占有率。采用社会消费品零售总额（亿元）来测度市场规模。

③对外开放度（Ope）：外商直接投资和进出口额是城市对外开放度的直接体现，采用外商直接投资存量（亿元）与进出口总额（亿元）的加权值来表示对外开放水平。其中，外商直接投资存量根据永续盘存法进行测算，将年折旧率设定为 5%（韩峰、李玉双，2019）。

④劳动力技能（Las）：劳动力技能与学历存在错配问题，以学历来界定劳动力技能可能有失偏颇，参考陈龙和魏诚一（2022），以三次产业部门的平均工资为基准对劳动力技能进行排序，将工资水平处于分位数前25%的从业人员界定为高技能劳动力。以高技能劳动力占从业人员比重（%）来表征劳动力技能。

⑤交通便利度（Tra）：运输成本是企业选址的重要因素之一。便利的交通有助于生产要素自由流动。采用人均道路面积（平方米）与公共交通密度（公共交通客运总量/人口，人次）的加权值来衡量城市交通便利度。

⑥城市规模（Urb）：城市规模在一定程度上决定消费规模和需求规模。参考王智波和韩希（2018），采用城市市辖区常住人口数（万人）来表征城市规模，市辖区常住人口由市辖区生产总值除以市辖区人均生产总值得出。

⑦教育水平（Edu）：教育水平的高低在一定程度上决定了制造业企业生产活动的层次和质量。采用学校专任教师人数与在校学生的比值（%）、政府教育支出占财政支出比重（%）两者的加权值来代表教育水平。

⑧房价水平（Hou）：参考已有文献，采用中国房价行情平台（www.creprice.cn）提供的各城市年度二手房挂牌均价（万元/平方米）来反映房价水平（陈艳如等，2021）。

⑨互联网规模（Int）：互联网规模可以反映一个城市信息化便利程度及居民互联网基础设施使用能力。选用城市互联网宽带接入用户数（万户）作为互联网规模的度量指标。

⑩政府干预度（Gov）：政府财政支出是政府干预的直接手段，参考学术界已有研究成果，采用政府财政支出占GDP的比重（%）来衡量政府对城市发展的干预程度（于文超等，2015）。

四、数据来源

变量数据均来源于历年《中国统计年鉴》《中国城市统计年鉴》《中国工业经济统计年鉴》《中国工业统计年鉴》《中国经济普查年鉴》《中国经济普查年

鉴》，中国海关统计数据库以及相关城市所在省份的统计年鉴等，其中房价水平来源于中国房价行情平台（www. creprice. cn）。选取 2010~2019 年长江经济带 108 个地级及以上城市的面板数据进行实证分析，所涉及的被解释变量、解释变量的变量描述和数据来源如表 5-1 所示。

表 5-1 长江经济带制造业集聚水平影响因素的变量选取与数据来源

变量类型	指标选择	符号	指标描述	数据来源
被解释变量	制造业集聚水平	Man	制造业区位商	EPS 数据库《中国统计年鉴》《中国城市统计年鉴》《中国互联网络发展状况统计报告》《中国工业经济统计年鉴》《中国工业统计年鉴》《中国经济普查年鉴》中国海关统计数据库中国房价行情平台
解释变量	资源禀赋	Re	自然资源丰裕度与采掘业从业人员比重的加权值	
	市场规模	Mas	社会消费品零售总额	
	对外开放度	Ope	外商直接投资存量与进出口总额的加权值	
	劳动力技能	Las	高技能劳动力占从业人口比重	
	交通便利度	Tra	人均道路面积与公共交通密度的加权值	
	城市规模	Urb	市辖区常住人口数	
	教育水平	Edu	学校专任教师人数与在校学生比值、政府教育支出占财政支出比重的加权值	
	房价水平	Hou	年度二手房挂牌均价	
	互联网规模	Int	互联网宽带接入用户数	
	政府干预度	Gov	政府财政支出占 GDP 比重	

资料来源：根据相关资料整理。

第二节 长江经济带制造业集聚水平的空间特征

一、长江经济带制造业整体集聚水平的空间特征

1. 上中下游地区制造业集聚水平

2010~2019 年，长江经济带制造业集聚水平总体保持较为平稳的态势。其

中，2010~2013 年呈现小幅下降趋势。2013~2019 年制造业区位商平稳地围绕 1 上下浮动，这表明长江经济带制造业集聚水平总体与全国平均水平持平。总体而言，长江经济带制造业集聚水平有待进一步提升。因此，本书关注长江经济带制造业集聚水平相关问题，并在后续研究中探讨加强制造业集聚的可行路径。长江经济带上中下游地区制造业集聚水平差异显著，下游地区制造业集聚水平最高，其制造业具有较为明显的专业化优势，长三角地区既是长江经济带制造业的排头兵，也是全国制造业的重要集聚区，集成电路、高端装备制造、新能源汽车、生物医药等制造业在全国处于龙头地位。长三角地区的制造业集群在工业和信息化部 45 个国家先进制造业集群名单中占据 18 席，对长江经济带制造业发展具有引领作用。中游地区制造业区位商其次，总体呈现为上升趋势，只有在 2017 年表现为下降态势，且随着时间变化而逐步趋近于 1，这表明中游地区制造业正逐步积累相对优势，并达到了较高的专业化水平。上游地区制造业区位商在 0.75 上下波动且呈现小幅下降趋势，这表明制造业专业化程度相对较低，制造业比较优势尚未显现。可见，上中下游制造业集聚水平异质性显著。2010~2019 年长江经济带上游地区制造业区位商有所下滑，原因在于上游地区是重要的生态屏障，拥有水源涵养地和沿江生态廊道，有序退出了一批高耗能制造业和污染密集型制造业，且制造业项目准入门槛较高。中游地区制造业集聚水平呈缓慢上升趋势，制造业专业化程度有所提升，可能的原因是中游地区得益于较为完善的基础设施、较强的产业承载力，正大力承接来自下游地区的制造业转移，并大力发展具备比较优势的制造业。下游地区制造业集聚水平略微下降，制造业专业化程度有所降低，这可能与下游地区经历长期经济快速增长后对于生态环境诉求更为强烈紧密相关，大量制造业企业从环境污染严重的地区不断迁出，尤其是近年来下游地区化工企业、化工园区数量大幅压缩，是制造业集聚水平下降不可忽视的原因之一（见图 5-1）。

2. 沿线 11 省份制造业集聚水平

长江经济带制造业集聚水平整体表现为"东高西低"的分布特征。2010~2019 年，长江经济带沿线 11 省份中，江苏、浙江、湖北、上海制造业区位商较

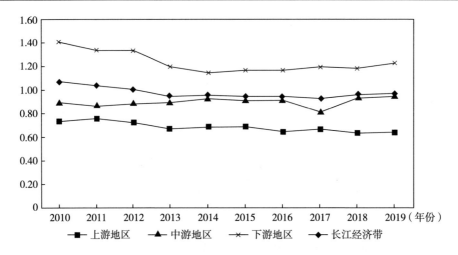

图 5-1 2010~2019 年长江经济带及上中下游地区制造业集聚水平变化趋势

资料来源：根据测算结果整理。

高。其中，江苏制造业区位商平均值为 1.38，在长江经济带沿线 11 省份中稳居首位，表明江苏制造业在长江经济带中集中程度最高，制造业专业化优势最大；浙江、湖北、上海其次，区位商均值分别为 1.15、1.11、1.09，这表明浙江、湖北、上海制造业在 11 省份中集中程度较高，专业化优势较强。贵州、云南制造业区位商最低，均值分别为 0.50、0.58，制造业集中程度远低于长江经济带平均水平，制造业发展较为薄弱。究其原因，上海、江苏、浙江、湖北 4 省份制造业起步较早，具有较强的制造业发展基础，集聚了一大批制造业企业，而贵州、云南位于长江经济带上游地区，是长江流域生态安全的重要屏障，在山水林田湖草系统治理、生态环境保护上投入较大，而对制造业发展规划统筹力度不足，制造业企业总体规模较小、分布较少，进而导致就业岗位偏少，因此有待加强产业园区建设，优化制造业发展环境，从而更好地有序承接制造业转移，加快培育先进制造业集群（见表 5-2）。

2010~2019 年，长江经济带沿线 11 省份中，安徽、江西、湖北 3 省份制造业集聚水平呈现上升趋势，湖南、重庆、四川、贵州 4 省份制造业集聚水平略有

表 5-2 2010~2019 年长江经济带沿线 11 省份制造业区位商

地区	2010 年	2011 年	2012 年	2013 年	2014 年	2015 年	2016 年	2017 年	2018 年	2019 年	均值
上海	1.24	1.26	1.36	1.14	0.99	0.98	1.01	1.00	0.98	0.94	1.09
江苏	1.52	1.46	1.49	1.28	1.28	1.33	1.32	1.35	1.33	1.44	1.38
浙江	1.38	1.27	1.20	1.11	1.06	1.05	1.03	1.10	1.11	1.22	1.15
安徽	0.70	0.68	0.71	0.74	0.79	0.75	0.76	0.69	0.86	0.89	0.76
江西	0.84	0.86	0.93	0.98	1.03	1.02	1.07	1.07	0.98	1.02	0.98
湖北	1.10	1.05	1.08	1.06	1.13	1.14	1.12	1.09	1.11	1.18	1.11
湖南	0.79	0.82	0.80	0.75	0.74	0.74	0.69	0.74	0.71	0.69	0.75
重庆	0.80	0.82	0.72	0.68	0.71	0.74	0.75	0.76	0.79	0.72	0.75
四川	0.80	0.83	0.82	0.72	0.76	0.72	0.68	0.70	0.67	0.69	0.74
贵州	0.51	0.59	0.61	0.53	0.50	0.50	0.48	0.48	0.31	0.44	0.50
云南	0.69	0.62	0.61	0.57	0.55	0.56	0.53	0.56	0.57	0.49	0.58
长江经济带	1.07	1.03	1.01	0.94	0.95	0.94	0.95	0.93	0.95	0.97	0.97

资料来源：根据测算结果整理。

下降，总体平稳，上海、江苏、浙江、云南 4 省份制造业集聚水平呈现下降趋势。究其原因，安徽发挥科教资源优势，建设国家综合性科学中心，加快推动制造业提质扩量增效，创新动力不断显现，具备较强的制造业发展潜力；江西近年来规模化、集约化发展有色金属、石油化工、纺织服装、食品加工等传统制造业，大力培育电子信息、新能源、新材料、工业陶瓷等高技术制造业；湖北围绕建设"光芯屏端网"世界级产业集群，大力培育发展光通信及激光产业、集成电路产业、新型显示产业、智能终端产业、信息网络产业，大规模、长链条的先进制造业集群正在加快形成。同时，上海、江苏、浙江制造业虽然具有较强的比较优势，然而这种优势正在逐步降低；云南紧邻南亚、东南亚国家，这些国家凭借其低廉的劳动力及资源成本优势，大力承接来自云南的纺织服装、金属加工等制造业，导致云南制造业存在外流现象（见表 5-2）。

3. 沿线 108 个城市制造业集聚水平

按照制造业区位商平均值将长江经济带 108 个地级及以上城市划分为高集聚组、中集聚组、低集聚组三个组（K-means 聚类法）。长江经济带 108 个地级及以上城市制造业集聚水平存在较大差异（见表5-3）。2010~2019年，上海、无锡、常州、苏州、淮安、镇江等城市制造业集聚水平较高，而金华、丽水、淮南、淮北、黄山等城市制造业集聚水平较低。究其原因，制造业集聚水平较高的城市具备较好的产业基础和区位优势；而制造业集聚水平较低的城市发展重点大多为旅游业而非制造业，有的城市为资源枯竭型城市，有的城市位于生态功能区而制造业发展受限。

表5-3 2010~2019年长江经济带沿线城市制造业区位商分类

类别	城市
高集聚组 （Man>1.05）	上海、无锡、常州、苏州、淮安、镇江、宿迁、宁波、温州、嘉兴、湖州、衢州、台州、芜湖、马鞍山、铜陵、滁州、景德镇、萍乡、九江、新余、鹰潭、赣州、吉安、宜春、黄石、十堰、宜昌、襄阳、鄂州、荆门、孝感、株洲、攀枝花、德阳、宜宾
中集聚组 （0.75<Man≤1.05）	南京、徐州、南通、连云港、盐城、扬州、泰州、杭州、绍兴、舟山、合肥、蚌埠、安庆、宣城、南昌、武汉、荆州、黄冈、咸宁、随州、长沙、湘潭、岳阳、绵阳、遂宁、内江、乐山、眉山、资阳、安顺、玉溪、重庆
低集聚组 （Man≤0.75）	金华、丽水、淮南、淮北、黄山、阜阳、宿州、六安、亳州、池州、抚州、上饶、衡阳、邵阳、常德、张家界、益阳、彬州、怀化、永州、娄底、成都、自贡、泸州、广元、南充、广安、达州、雅安、巴中、贵阳、六盘水、遵义、昆明、曲靖、保山、昭通、丽江、普洱、临沧

资料来源：根据测算结果整理。

总体而言，长江经济带下游地区城市大多位于高集聚组、中集聚组，中游和上游地区的城市大多位于中集聚组与低集聚组；国家中心城市、省会城市、区域中心城市大多位于高集聚组、中集聚组。

二、长江经济带制造业细分行业集聚水平的空间特征

表5-4报告了2010年、2014年、2019年长江经济带沿线11省份制造业细分行业中区位商排名最高的行业。由于各省份拥有各自特殊的资源优势、产业基础及产业政策导向，因此各省份均拥有专业化优势较为明显的行业。例如，云南

拥有独特的地理环境和气候条件，这就决定了其具备优质的烟叶资源，且具有气候和地理优势，对烟草制品业集聚具有直接的促进作用，2019 年其烟草制品业区位商高达 12.058，专业化优势十分明显。贵州气候温和、土壤肥沃、水源丰富，具备独特的气候和地理条件，因此拥有仁怀、习水、金沙等优质酱香型白酒产区，并致力于打造世界级酱香型白酒产业基地核心区，建设千亿级酱香白酒产业集群，2019 年其酒、饮料制造业区位商高达 12.748。江苏的优势产业为化学纤维制造业（2019 年的区位商为 2.469），依托长江独特的资源优势，化学纤维制造业成为江苏的重要基础性产业和支柱产业，形成以长江为中轴线向苏南、苏北两侧延伸的产业格局。江苏基础化学原料制造业、化学农药制造业、涂料、合成树脂及其共聚物制造业产量居全国首位。江苏化工产业产值在长江经济带沿线 11 省份中排名第一，且拥有一大批规模以上化工企业，化工企业数量也位居长江经济带沿线 11 省份之首。2019 年云南、江西有色金属加工业专业化水平较高，云南被称为"有色金属王国"，拥有大量锡矿、铟矿、锗矿和钛矿，近年来又发现了世界级锂资源基地；江西拥有丰富的铜矿、钨矿、稀土资源，素来有"世界钨都""稀土王国""中国铜都"美誉。依托丰富的有色金属资源，云南、江西有色金属加工业区位商分别高达 3.372 和 3.409。此外，具有较高区位商的省份及其行业还有浙江的化学纤维制造业（2019 年区位商为 4.895）、上海的金属设备修理业（2019 年区位商为 4.818）。

表 5-4　2010 年、2014 年、2019 年各省份制造业细分行业区位商

地区	2010 年	2014 年	2019 年
上海	烟草制品业（5.229） 计算机制造业（2.117） 交通设备制造业（2.003） 通用设备制造业（1.416）	烟草制品业（2.997） 金属设备修理业（2.935） 汽车制造业（2.824） 计算机制造业（1.933）	金属设备修理业（4.818） 汽车制造业（2.493） 烟草制品业（2.297） 通用设备制造业（2.118）
江苏	化学纤维制造业（2.242） 仪器仪表制造业（1.932） 计算机制造业（1.549） 纺织服装业（1.517）	仪器仪表制造业（2.880） 化学纤维制造业（2.534） 电气机械制造业（1.662） 计算机制造业（1.466）	化学纤维制造业（2.469） 仪器仪表制造业（1.765） 通用设备制造业（1.594） 电气机械制造业（1.570）

地区	2010 年	2014 年	2019 年
浙江	化学纤维制造业（4.583） 纺织业（2.427） 皮革制鞋业（2.108） 文体娱乐制造业（1.889）	化学纤维制造业（5.729） 纺织业（2.511） 其他制造业（1.989） 纺织服装、服饰业（1.874）	化学纤维制造业（4.895） 纺织业（2.438） 仪器仪表制造业（1.938） 纺织服装业（1.873）
安徽	烟草制品业（4.336） 废弃资源利用业（3.530） 电气器材制造业（1.658） 有色金属加工业（1.655）	废弃资源利用业（3.386） 电气器材制造业（1.840） 印刷复制业（1.574） 有色金属加工业（1.510）	废弃资源利用业（1.871） 有色金属加工业（1.598） 电气器材制造业（1.581） 木材加工业（1.547）
江西	有色金属加工业（4.240） 医药制造业（2.288） 烟草制品业（2.161） 非金属制品业（1.627）	废弃资源利用业（10.459） 其他制造业（7.493） 仪器仪表制造业（3.865） 有色金属加工业（3.795）	废弃资源利用业（3.673） 有色金属加工业（3.409） 纺织服装、服饰业（1.636） 家具制造业（1.587）
湖北	烟草制品业（6.555） 酒、饮料制造业（2.238） 交通设备制造业（2.154） 黑色金属加工业（1.455）	酒、饮料制造业（2.196） 汽车制造业（1.958） 烟草制品业（1.833） 农副食品加工业（1.689）	印刷媒介复制业（1.918） 汽车制造业（1.894） 废弃资源利用业（1.870） 纺织业（1.865）
湖南	烟草制品业（10.674） 专用设备制造业（2.768） 木材加工业（2.037） 有色金属加工业（1.987）	烟草制品业（3.498） 专用设备制造业（2.365） 其他制造业（1.768） 有色金属加工业（1.932）	其他制造业（2.474） 专用设备制造业（2.433） 烟草制品业（2.397） 木材加工业（2.117）
重庆	交通设备制造业（4.092） 烟草制品业（3.598） 废弃资源利用业（2.131） 医药制造业（1.381）	交通设备制造业（4.440） 汽车制造业（3.266） 计算机制造业（1.894） 其他制造业（1.592）	交通设备制造业（2.842） 其他制造业（2.183） 计算机制造业（2.096） 汽车制造业（2.061）
四川	酒、饮料制造业（5.658） 烟草制品业（2.630） 医药制造业（2.004） 家具制造业（1.688）	烟草制品业（4.531） 家具制造业（1.889） 其他制造业（1.611） 医药制造业（1.424）	酒、饮料制造业（5.457） 非金属制品业（1.736） 金属设备修理业（1.586） 印刷媒介复制业（1.461）
贵州	烟草制品业（25.823） 酒、饮料制造业（5.845） 医药制造业（3.666） 化学制品制造（2.079）	烟草制品业（6.807） 酒、饮料制造业（6.519） 非金属制品业（2.366） 医药制造业（2.163）	酒、饮料制造业（12.748） 烟草制品业（5.434） 非金属制品业（2.194） 其他制造业（2.183）
云南	烟草制品业（56.484） 有色金属加工业（4.210） 印刷媒介复制业（1.870） 医药制造业（1.713）	烟草制品业（20.058） 有色金属加工业（4.363） 黑色金属加工业（1.657） 酒、饮料制造业（1.652）	烟草制品业（12.058） 有色金属加工业（3.372） 酒、饮料制造业（2.162） 黑色金属加工业（1.570）

资料来源：根据测算结果整理。

对比 2010 年、2014 年、2019 年长江经济带沿线 11 省份制造业细分行业专业化程度，发现其具有稳定性和变化性的特点。其稳定性特点表现为部分省份的优势行业持续发挥专业化优势，在 2010 年、2014 年、2019 年三个时间节点上均表现出较高的区位商，如浙江的化学纤维制造业、江西的废弃资源利用业、云南的烟草制品业。变化性特点表现为部分省份的制造业专业化程度较高的细分行业在不同年份存在变化，可在一定程度上反映各省份制造业结构变迁。例如，2010年安徽区位商最高的行业是烟草制品业，2014 年和 2019 年则为废弃资源利用业。

第三节　长江经济带制造业集聚水平的行业特征

一、长江经济带制造业整体集聚水平的行业特征

2010~2019 年，长江经济带制造业空间基尼系数呈现总体平稳但缓慢下降的趋势。表明长江经济带制造业正由局部集聚发展逐渐走向均衡发展。针对不同制造业细分行业的特点将其归为轻纺工业、资源加工工业、装备制造业三类（杨浩昌等，2016），进而分析长江经济带制造业集聚水平的行业特征。从空间基尼系数大小来看，长江经济带三类制造业表现为梯度特征，其中，装备制造业空间基尼系数较高，轻纺工业其次，资源加工工业最低。这表明装备制造业在长江经济带沿线 11 省份的集聚水平最高，而资源加工工业在各地布局相对均衡。究其原因，各省份虽然存在资源禀赋与产业基础差异，但是资源加工工业行业准入门槛相对较低，因此各省份都发展不同特色的资源型产业，各地区大量企业投入该类型制造业生产经营活动，因此空间分布较为均衡。而装备制造业行业准入门槛相对较高，只有少部分经济基础和创新水平较高的地区才具备实力鼓励支持发展该类型制造业，因此装备制造业只能集中于部分地区，因而空间分布较为集中。从

空间基尼系数变化趋势来看，装备制造业、轻纺工业的空间基尼系数逐年下降，说明此两类制造业分布的空间均衡程度均逐年提高。而资源加工工业空间基尼系数逐年增加，空间分布均衡度逐年降低，其时空分异特征趋势与制造业整体截然相反。这表明长江经济带沿线 11 省份制造业结构正在发生深刻变化，以高能耗高污染为特征的资源加工工业比重逐步降低，同时以高科技含量、高附加值为特征的装备制造业正蓬勃发展，制造业正在向高端化、绿色化方向发展，这与长江经济带"共抓大保护、不搞大开发"的发展主题以及创新驱动发展目标相契合（见图 5-2）。

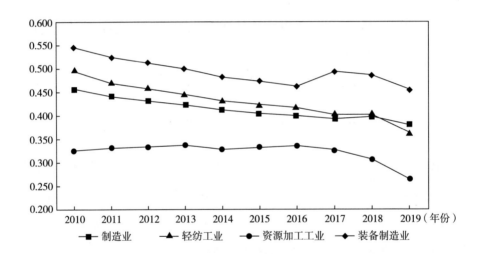

图 5-2 2010~2019 年长江经济带轻纺工业、资源加工工业、

装备制造业空间基尼系数变化趋势

资料来源：根据测算结果整理。

二、长江经济带制造业细分行业集聚水平的行业特征

1. 制造业细分行业空间基尼系数横向对比

长江经济带制造业细分行业空间基尼系数呈现显著的差异（见表 5-5）。从

各细分行业空间基尼系数均值来看，有10个制造业细分行业空间基尼系数高于制造业整体空间基尼系数，有11个制造业细分行业空间基尼系数低于制造业整体空间基尼系数。其中，空间基尼系数最高的细分行业为化学纤维制造业等4个行业，处于高度集聚水平；处于中度集聚水平的有造纸及纸制品业等6个制造业细分行业；其他细分行业空间基尼系数均低于制造业整体集聚水平，集中程度相对较低，处于低度集聚水平。

表5-5 2010~2019年长江经济带制造业细分行业空间基尼系数

代码	行业	2010年	2011年	2012年	2013年	2014年
C	制造业	0.456	0.440	0.431	0.421	0.411
C13	农副食品加工业	0.352	0.370	0.359	0.352	0.344
C14	食品制造业	0.266	0.289	0.277	0.268	0.268
C15	饮料制造业	0.375	0.391	0.388	0.388	0.388
C16	烟草制品业	0.383	0.404	0.408	0.438	0.463
C17	纺织业	0.625	0.617	0.620	0.623	0.620
C18	纺织服装制造业	0.641	0.608	0.556	0.604	0.596
C22	造纸及纸制品业	0.454	0.440	0.503	0.419	0.409
C25	石油加工业	0.254	0.244	0.257	0.279	0.319
C26	化学制品制造业	0.375	0.389	0.391	0.392	0.390
C27	医药制造业	0.320	0.334	0.320	0.310	0.292
C28	化学纤维制造业	0.735	0.744	0.749	0.753	0.746
C31	非金属制品业	0.316	0.317	0.308	0.305	0.301
C32	黑色金属加工业	0.371	0.372	0.376	0.382	0.382
C33	有色金属加工业	0.305	0.301	0.308	0.319	0.353
C34	金属制品业	0.564	0.536	0.520	0.508	0.499
C35	通用设备制造业	0.568	0.535	0.538	0.541	0.537
C36	专用设备制造业	0.511	0.516	0.508	0.503	0.494
C37	交通运输设备制造业	0.431	0.423	0.420	0.397	0.387
C39	电气机械及器材制造业	0.590	0.582	0.570	0.560	0.545
C40	电子设备制造业	0.694	0.653	0.621	0.594	0.562
C41	仪器仪表制造业	0.614	0.641	0.638	0.639	0.622

代码	行业	2015 年	2016 年	2017 年	2018 年	2019 年
C	制造业	0.403	0.400	0.392	0.397	0.379
C13	农副食品加工业	0.332	0.327	0.330	0.329	0.316
C14	食品制造业	0.264	0.264	0.262	0.280	0.275
C15	饮料制造业	0.381	0.372	0.356	0.371	0.395
C16	烟草制品业	0.451	0.404	0.396	0.320	0.305
C17	纺织业	0.625	0.628	0.625	0.632	0.609
C18	纺织服装、鞋、帽制造业	0.593	0.588	0.584	0.581	0.559
C22	造纸及纸制品业	0.412	0.408	0.405	0.405	0.383
C25	石油加工业	0.331	0.346	0.335	0.306	0.203
C26	化学制品制造业	0.395	0.402	0.386	0.354	0.293
C27	医药制造业	0.299	0.300	0.299	0.315	0.280
C28	化学纤维制造业	0.746	0.745	0.744	0.742	0.716
C31	非金属矿物制品业	0.303	0.310	0.311	0.273	0.254
C32	黑色金属加工业	0.382	0.388	0.385	0.380	0.328
C33	有色金属加工业	0.355	0.343	0.358	0.344	0.324
C34	金属制品业	0.488	0.473	0.472	0.480	0.451
C35	通用设备制造业	0.533	0.530	0.536	0.554	0.533
C36	专用设备制造业	0.485	0.482	0.502	0.514	0.474
C37	交通运输设备制造业	0.383	0.381	0.469	0.451	0.421
C39	电气机械制造业	0.543	0.541	0.545	0.545	0.513
C40	通信设备制造业	0.548	0.519	0.510	0.470	0.445
C41	仪器仪表制造业	0.601	0.585	0.579	0.567	0.559

资料来源：根据测算结果整理。

　　将 21 个制造业细分行业按照轻纺工业、资源加工工业、装备制造业进行分类可以发现，三类制造业集聚特征存在显著差异。轻纺工业中纺织业，纺织服装、鞋、帽制造业等相关行业分布较为集中且高于制造业整体集聚水平，而农副食品加工业、食品制造业等行业则布局较为分散且低于制造业整体集聚水平；资源加工工业中仅有化学纤维制造业、金属制品业集聚水平高于制造业整体集聚水平，其他细分行业均低于制造业整体集聚水平；装备制造业各细分行业集聚水平均高于制造业整体集聚水平。

根据《高技术产业（制造业）分类（2017）》，高技术制造业包括六类：医药制造，航空、航天器及设备制造，电子及通信设备制造，计算机及办公设备制造，医疗仪器设备及仪器仪表制造，信息化学品制造。根据长江经济带制造业各细分行业空间基尼系数测算结果可知，六类高技术制造业中，仅有医药制造业低于制造业整体集聚水平，其他五类均高于制造业整体集聚水平，表明长江经济带高技术制造业整体集聚水平较高，高技术制造业企业分布较为集中，创新发展动力强劲，虽然长江经济带下游地区分布了一批知名医药制造企业，但总体而言长江经济带医药制造业专业化优势并不显著，有待推行更加切实有效的产业发展政策。

2. 制造业细分行业空间基尼系数时间变化趋势

在轻纺工业细分行业中，2010~2019年纺织业和食品制造业空间基尼系数较为稳定，分别维持在0.620和0.270附近；纺织服装、鞋、帽制造业，造纸及纸制品业空间基尼系数处于波动下降的态势，说明上述制造业细分行业发展趋于均衡，究其原因，纺织服装、鞋、帽制造业，造纸及纸制品业是资源密集型和劳动密集型制造业，且行业准入门槛较低，一大批纺织服装企业和造纸企业分布于沿江地区，从而集聚水平降低。烟草制品业、饮料制造业、农副食品加工业空间基尼系数均表现出先上升后下降的趋势，而2019年相比2010年空间基尼系数值均有小幅度上升，表明该行业一直处于低集聚水平但正逐渐走向集聚化（见图5-3）。

在资源加工工业细分行业中，2010~2019年化学纤维制造业集聚水平一直维持平稳态势，且空间基尼系数值遥遥领先于其他细分行业；医药制造业空间基尼系数处于相对稳定的低集聚水平，这可能与近年来沿江各省份均着力发展医药制造业，且医药制造业企业、从业人员分布较为均衡有关；其他行业则均呈现平稳波动或下降态势，表明这些资源依赖度较高的资源加工工业各细分行业逐渐均衡化发展，沿江各地区产业正在不断摆脱资源依赖和培育发展接续替代产业（见图5-4）。

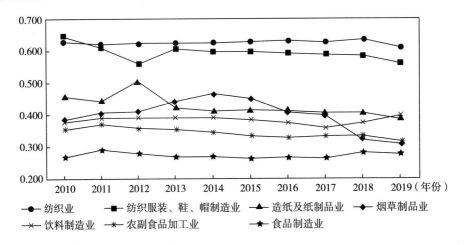

图5-3 长江经济带轻纺工业细分行业空间基尼系数变化趋势

资料来源：根据测算结果整理。

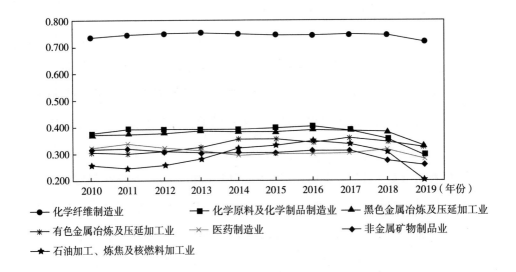

图5-4 长江经济带资源加工工业细分行业空间基尼系数变化趋势

资料来源：根据测算结果整理。

在装备制造业细分行业中，空间基尼系数下降幅度最大的为通信设备、计算机及其他电子设备制造业，究其原因，该产业产品附加值较高，且伴随着移动通信技术的普及应用，数字经济蓬勃发展，该产业的重要性更加凸显，因此各省份均注重发展该产业。电气机械及器材制造、通用设备制造等行业集聚水平均处于波动下降趋势，表明这些产业在各省份间均衡化程度逐步提高；交通运输设备制造业、专用设备制造业空间基尼系数相对稳定，一直处于相对较低的集聚水平。装备制造业各细分行业呈现出和装备制造业整体集聚水平相近的变化趋势，由集聚逐渐走向均衡，这表明各省份都注重发展装备制造业，促使装备制造业发展规模走向壮大，但可能引致各省份之间制造业趋同问题（见图5-5）。

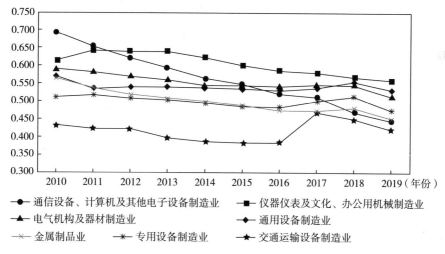

图5-5　长江经济带装备制造业细分行业空间基尼系数变化趋势

资料来源：根据测算结果整理。

第四节　长江经济带制造业集聚水平影响
因素的评估结果分析

一、回归结果分析

本节检验制造业集聚潜在的影响因素。Hausman 检验均通过了显著性水平，表明应选择固定效应模型。表5-6中列（1）是OLS模型估计结果，列（2）是OLS的时间固定效应模型估计结果，列（3）是OLS的地区固定效应模型估计结果，列（4）是OLS的时间地区双固定效应模型，列（5）是SDM模型估计结果。

表5-6　长江经济带制造业集聚水平影响因素的基准回归结果

变量	（1）	（2）	（3）	（4）	（5）
Re	0.012	0.012	0.011	0.011	−0.236*
	(0.008)	(0.009)	(0.010)	(0.010)	(0.138)
Mas	0.436**	0.464*	0.414**	0.879**	0.867
	(0.187)	(0.266)	(0.175)	(0.446)	(3.064)
Ope	0.047**	0.048*	0.058	0.058	0.506*
	(0.021)	(0.029)	(0.059)	(0.061)	(0.284)
Las	0.013	0.014	0.027	0.026*	0.019
	(0.013)	(0.014)	(0.017)	(0.015)	(0.252)
Tra	0.358*	0.359*	0.123	0.302	13.899*
	(0.211)	(0.212)	(0.189)	(0.209)	(8.486)
Urb	0.129***	0.130***	0.106	0.077	17.146*
	(0.046)	(0.049)	(0.113)	(0.114)	(8.973)
Edu	0.036	0.036	0.035	0.033	1.353*
	(0.037)	(0.038)	(0.039)	(0.037)	(0.769)
Hou	−0.334	−0.378	−0.062	0.219	−1.403
	(0.246)	(0.310)	(0.262)	(0.284)	(3.802)
Int	0.026	0.022	0.023	0.039*	0.014
	(0.021)	(0.019)	(0.021)	(0.022)	(0.285)
Gov	−0.019	−0.016	0.039	0.060	−2.010**
	(0.043)	(0.045)	(0.045)	(0.045)	(1.019)
Rho	—	—	—	—	−0.389*
					(0.215)
Obs	1080	1080	1080	1080	1080

注：***、**、*分别表示1%、5%、10%的显著性水平，括号内数字为标准误。
资料来源：根据测算结果整理。

根据表5-6列（5），SDM模型估计结果的制造业集聚空间自回归系数在

10%的水平上显著为负，表明长江经济带制造业集聚水平具有负向的空间溢出效应，即本地区制造业在集聚的同时会抑制周围地区制造业集聚。究其原因，制造业集聚水平较高的地区通过发挥循环累积效应对周围地区的生产要素、制造业企业形成吸附作用。因此，假说1-1部分成立。

资源禀赋（Re）对长江经济带制造业集聚水平的影响显著为负。究其原因，以传统的视角来看，制造业发展较为依赖自然资源禀赋，即自然资源较为丰富的地区制造业集聚水平可能较高。然而，经过多年发展长江经济带制造业集聚已经摆脱依赖自然资源的发展模式，资源型制造业在制造业中比重也逐步降低。且要素资源在各地区之间能够自由流动，并不受制于各地区资源禀赋。例如，长江经济带中游地区和下游地区的纺织服装产业规模较大，但其生产原料如棉、毛、麻、丝等很大一部分从上游地区调运，并不受限于自然资源禀赋。而且，以往一些自然资源较为丰富的城市过度依赖资源，单一性地发展资源密集型产业，导致制造业技术水平较低，当其资源枯竭时，尚未形成接续替代制造业，因此自然资源禀赋反而对制造业集聚发挥负面影响。

市场规模（Mas）对长江经济带制造业集聚水平的影响不显著为正。根据区位理论，企业会倾向于分布在距离中心市场较近的位置。市场规模越大的区域，意味着其拥有越大的市场需求，越能吸引大量制造业企业进入该区域，从而促使该区域制造业企业之间保持一种激烈竞争又紧密合作的关系。市场规模较大的地区通过循环累积效应以及对周围地区的吸附效应，更容易促进劳动力、资本、技术等要素向其不断集中。市场规模较小的地区对生产要素的离心力可能高于向心力，导致生产要素向市场规模较大的地区流动。然而，随着互联网、物流基础设施越发完善，数字经济蓬勃兴起，生产和消费更加分离，形成较好的生产营销分工协作网络。因此，制造业集聚对本地市场规模的依赖较为有限，这种正向作用也较为有限。

对外开放度（Ope）对长江经济带制造业集聚水平的影响显著为正。表明在外向型经济下，开放水平越高的地区获得外商投资越多，有助于制造业集聚水平的提升。通常情况下，外商直接投资能够为长江经济带引入数量可观的生产资金，而且可为长江经济带提供各种类型的前沿生产设备与多样化生产技术。在制造业发展初期，相比于发达国家而言，长江经济带制造业企业生产技术、人才、资金方面存在差距，而来自发达国家的资金与技术可以有效提高长江经济带制造业生产能力和发展层次，使得要素结构更加合理，为制造业企业扩大生产规模提供支撑。此外，在经济全球化背景下，先进前沿技术可以得到更好的扩散和交流，长江经济带制造业企业可以参与到全球制造业分工体系中，这不仅可以壮大企业规模，有助于人才和资本集聚，而且可以提高制造业发展层次和位势，从而促进制造业集聚。

劳动力技能（Las）对长江经济带制造业集聚水平的影响不显著为正。长江经济带是全国制造业创新高地和先进制造业基地，新技术、新模式不断产生，劳动力与技术适配才能更好地实现产业化和发挥经济效益，因此对劳动力技能的要求也不断提高，较高的劳动力技能可以为制造业集聚提供人力基础。尤其是近年来长江经济带云计算、大数据、物联网、移动互联网、人工智能等新兴数字技术快速发展，对数据分析员、智能设备检修员、人工智能训练师、虚拟现实工程师、数据标注师等新的就业岗位产生需求。然而，长江经济带资源加工、纺织服装等传统制造业占比较高，高技能劳动力对制造业集聚的促进作用较为有限。

交通便利度（Tra）对长江经济带制造业集聚水平的影响显著为正。根据区位理论，由于制造业生产消费在时间和空间上的分离，较高的交通便利度可以降低产品运输的交易成本，交通运输的便利度对企业区位选择具有重要影响。交通运输成本的减少意味着中间投入品的实际价格将有所降低，从而降低制造业企业生产成本，提高企业效益。随着长江经济带综合立体交通走廊的建设，各城市的公路网更加密集，促使沿江地区不同城市之间的内在联系更为紧密，这不仅能够加快生产要素的自由流动，促进各地区之间的商品贸易和人员往来，也有助于各地区形成分工合作、错位互补的制造业发展格局，进而促进制造业集聚水平提升。

城市规模（*Urb*）对长江经济带制造业集聚水平的影响显著为正。规模较大的城市为制造业企业集聚提供充足的空间，大量企业在同一空间范围内集聚可以形成产业链上下游高度关联、相互支撑的发展格局。规模较大的城市可以容纳更多的劳动力、资本等要素，为制造业企业扩大生产规模提供物质基础。此外，规模较大的城市拥有较为完善的基础设施，实现公共基础设施和公共资源在地理空间上的共享，提升集聚区承载力水平和扩大其经济活动辐射范围，从而引导企业向该地区集聚。

教育水平（*Edu*）对长江经济带制造业集聚水平的影响显著为正。公共服务"用脚投票"机制相关研究认为拥有较高教育水平的地区可以吸引劳动力向其集中，劳动力为了让子女接受更高质量的教育可能会迁入该地区，从而使得该地区制造业企业拥有更为充足的劳动力供给。此外，较高的教育质量也有助于高技能劳动力的培养，从而投入高技术制造业发展进程中，因此教育水平对制造业集聚表现为正向作用。

房价水平（*Hou*）对长江经济带制造业集聚水平的影响不显著为负。过高的房价会给劳动力造成较高的生活成本，导致劳动力流失。房价上涨产生的额外成本会陆续转嫁到制造业企业的经营成本中，且引致大量劳动力和资本投入房地产业中，对制造业造成一定的挤压效应。在宏观调控下，长江经济带房价总体保持在较为合理的水平，对制造业集聚的抑制作用尚不显著。

互联网规模（*Int*）对长江经济带制造业集聚水平的影响不显著为正。随着互联网的发展，催生了集成电路、新型显示、通信设备制造等新型制造业。互联网的发展有助于产业链上下游及供需双方得到有效匹配，降低搜寻成本，促进企业更好地参与专业化分工。互联网覆盖范围的不断扩大也有利于企业更好地推进数字化转型，制造业企业通过运用企业资源计划系统、制造执行系统等互联网平台，使得生产效率得到大幅提升。然而，目前长江经济带数字经济核心产业发展、制造业数字化转型尚处于起步阶段，互联网规模对制造业集聚的促进作用尚未完全显现。

政府干预度（Gov）对长江经济带制造业集聚水平的影响显著为负。适当的政府干预可以解决"市场失灵"问题，对培育发展制造业尤其是战略性新兴产业具有一定的正面作用，然而过多的政府干预则会导致资源配置错配、企业过热投资、项目重复建设、产业同质化、产能过剩等现象。当前长江经济带具有良好的产业发展基础，新兴产业已处于蓬勃发展状态，已摆脱依靠政府财政支持的阶段，整体市场化水平较高，过多的政府干预反而会对制造业集聚造成抑制作用。

综上所述，对外开放度（Ope）、交通便利度（Tra）、城市规模（Urb）、教育水平（Edu）对制造业集聚具有正面作用。资源禀赋（Re）、政府干预度（Gov）对制造业集聚存在负面作用。市场规模（Mas）、劳动力技能（Las）、房价水平（Hou）、互联网规模（Int）对制造业集聚的影响不显著。因此，假说1-2部分成立。

二、分区域回归结果

长江经济带横跨中国东、中、西三大区域，不同因素对制造业集聚的影响可能在上中下游地区存在异质性。通过 Hausman 检验，选择固定效应模型进行回归。表5-7报告了长江经济带上中下游地区的制造业集聚水平影响因素估计结果。

表5-7　长江经济带制造业集聚水平影响因素的分区域样本回归结果

变量	上游地区	中游地区	下游地区
	（1）	（2）	（3）
Re	-0.707* (0.412)	0.053 (0.098)	-0.187* (0.106)
Mas	4.223* (2.514)	4.524 (4.431)	3.063 (2.611)
Ope	0.657** (0.281)	0.780** (0.311)	0.704 (0.768)

续表

变量	上游地区	中游地区	下游地区
	（1）	（2）	（3）
Las	0.207	0.759**	0.394*
	（0.144）	（0.374）	（0.224）
Tra	-1.745	6.565*	5.846**
	（1.781）	（3.407）	（2.681）
Urb	-1.524	1.770	5.930**
	（2.955）	（2.223）	（2.316）
Edu	1.229*	0.255	0.417
	（0.724）	（0.655）	（0.586）
Hou	-27.535**	-5.154	-4.422
	（14.056）	（7.487）	（3.443）
Int	0.889	-0.848*	-0.023
	（0.597）	（0.476）	（0.183）
Gov	1.011	-1.780*	0.033
	（0.844）	（1.043）	（0.354）
Rho	-0.602	-0.914**	-0.777*
	（0.390）	（0.434）	（0.404）
Obs	310	360	410

注：***、**、*分别表示1%、5%和10%的显著性水平，括号内数字为标准误。

资料来源：根据测算结果整理。

长江经济带上游地区空间自回归系数不显著为负，中游地区空间溢出效应在5%显著性水平下为负，下游地区空间自相关系数在10%显著性水平下为负。这表明中游地区和下游地区制造业集聚会对邻近地区制造业集聚发挥抑制作用。

资源禀赋（Re）对长江经济带上游和下游地区制造业集聚水平的影响显著为负，对中游地区制造业集聚水平的影响不显著为正。究其原因，长江经济带下游地区制造业已基本摆脱对自然资源的依赖，处于相对成熟的发展阶段，拥有较为完备的制造业体系和门类，且制造业发展层次较高，逐步实现从要素驱动向创新驱动转变。上游地区分布着一批生态功能区，在长江经济带"共抓大保护、不搞大开发"指引下,有效减少矿产资源开采,大力发展电子信息、航空航天装备、新能源汽车等产业。自然资源较为丰富的城市反而可能过于依赖自然资源而对新兴产业产生挤出效应,不利于制造业集聚。中游地区矿产资源分布较为富集,如江西、湖南分布着大量钨矿、锡矿、锑矿、锰矿。因此,中游地区依托自然资源禀赋,资源密集型制造业企业大量集聚。但伴随着严格的环境规制、制造业绿色化升级,自然资源对制造业集聚的促进作用较为有限。

市场规模(Mas)对长江经济带上游地区制造业集聚水平的影响显著为正,对中游地区和下游地区制造业集聚水平的影响不显著为正。对于上游地区而言,拥有较大规模市场的城市更容易吸引制造业企业集中,以占据更高的市场份额。而中游地区综合立体交通网络不断完善,下游地区市场一体化深入推进,制造业企业数字化能力持续提升,影响辐射范围不断扩大,业务并不受限于本地市场规模,因而市场规模对中游地区和下游地区制造业集聚的影响并不显著。

对外开放度(Ope)对长江经济带上游地区和中游地区制造业集聚的作用显著为正,对下游地区制造业集聚的影响不显著为正。究其原因,上游地区和中游地区近年来推进高水平对外开放,密集开通中欧班列,成为内陆对外开放新窗口,有效促进了制造业集聚。下游地区长期以来处于对外开放前沿,国际合作平台建设较为完善,产业和技术处于国际较为先进水平,且近年来发展内生动力不断增强,协同建设自主可控的先进制造业基地,逐渐摆脱对国外技术、资金的依赖,因而对外开放对制造业集聚的促进作用不明显。

劳动力技能(Las)对上游地区制造业集聚水平的影响不显著为正,对长江经济带中游地区和下游地区制造业集聚水平的影响显著为正。上游地区制造业中劳动密集型、资源密集型占比较高,对高技能劳动力需求较小,高技能劳动力的应用场景受限,因此劳动力技能对上游地区制造业集聚作用不显著。中游地区和下游地区制造业发展层次较高,一批高技术制造业快速发展壮大,对劳动力技能具有较高要求。当高技能劳动力从事制造业企业生产经营时,这些企业劳动生产率将得到有效提高,对制造业集聚发挥助推作用。

交通便利度（*Tra*）对长江经济带上游地区制造业集聚水平的影响不显著为负，对中游地区和下游地区制造业集聚水平的影响均显著为正。随着长江经济带综合立体交通走廊的建设深入推进，沿江各城市之间的内在联系更为紧密，这不仅能够加快生产要素的自由流动，促进各地区之间的商品贸易和人员往来，也有助于构建分工合作、错位互补的制造业发展格局，进而促进制造业集聚水平提升。尤其是中游地区具备承上启下的交通枢纽优势，下游地区1小时通勤圈和一体化交通基础设施基本形成，有效促进了制造业集聚。但是上游地区距离南亚、东南亚较近，随着交通基础设施不断完善，部分劳动密集型、资源密集型制造业企业基于新兴经济体国家的劳动力和资源成本优势，将企业和工厂向这些国家转移，反而降低了制造业集聚水平。

城市规模（*Urb*）对长江经济带上游地区制造业集聚水平的影响不显著为负，对中游地区制造业集聚水平的影响不显著为正，对下游地区制造业集聚水平的影响显著为正。可能的原因是上游地区地域辽阔，占据长江经济带一半以上面积，平均城市规模较大，然而公共基础设施建设存在错配现象，突出表现为部分地区交通、能源、通信等基础设施建设滞后，部分公共基础设施利用率较低，难以满足制造业发展需要。中游地区城市中心度、辐射力不足，城市规模的扩大依然难以带动制造业集聚水平提升。下游地区较大规模城市不仅拥有更好的公共基础设施和公共服务，而且可以为制造业集聚提供资源要素保障和国土空间支撑，从而有效促进制造业集聚。

教育水平（*Edu*）对长江经济带上游地区制造业集聚水平的影响显著为正，对中游地区和下游地区制造业集聚水平的影响不显著为正。可能的原因是上游地区教育资源配置不均衡，对于教育水平较高的城市而言，教育与制造业发展具备更好适配性，制造业集聚水平相应较高，而教育较为落后地区制造业集聚也面临瓶颈。中游和下游地区科教资源丰富、高校分布密集、教育普及水平较高，且各城市教育发展相对均衡，对制造业集聚的差异性影响并不明显。

房价水平（*Hou*）对长江经济带上游地区制造业集聚水平的影响显著为负，

对中游和下游地区影响不显著为负。究其原因，长江经济带上游地区居民可支配收入相对较低，2019 年，四川、云南、贵州居民可支配收入分别为 24703 元、22082 元、20397 元，位于长江经济带沿线 11 省份末位，因此对房价提升较为敏感，较高的房价水平会导致这些地区的居民流出，从而减少企业劳动力供给，不利于制造业集聚。

互联网规模（*Int*）对长江经济带上游地区制造业集聚水平的影响不显著为正，对中游地区制造业集聚水平的影响显著为负，对下游地区制造业集聚水平的影响不显著为负。可能的原因是对于中游地区而言，随着互联网的大规模接入，为制造业企业数字化转型提供基础支撑，但是目前数字化转型主要集中于大型企业、龙头企业，传统制造企业在数字化转型上资金投入不足，数字化转型进程较为滞后，效果尚未显现，反而挤压了利润空间，这抑制了制造业集聚水平进一步提升。

政府干预度（*Gov*）对长江经济带上游和下游地区制造业集聚水平的影响不显著为正，对中游地区制造业集聚水平的影响显著为负。长江经济带市场化水平较高，对政府扶持的依赖度较低，尤其是对于中游地区而言，政府干预过多反而会导致资源配置不当、私营经济发展缓慢，并且可能为保护本地市场而限制本地区以外的产品进入，从而抑制生产要素集中，不利于制造业集聚水平提升。

三、拓展分析

生产性服务业是从制造业内部剥离而发展起来的新兴产业。以现代物流、现代金融、科技研发、商务服务、检验检测为代表的生产性服务业具有渗透性、带动力强的特征，为制造业企业提供高端要素和配套服务，对制造业发挥重要支撑作用。依托生产性服务业，制造业得以实现产业模式创新、产品创新、生产技术创新、制造系统集成创新，进而延伸拓宽产业链，提升产业发展位势，提高产品附加值。因此，在分析制造业集聚的影响因素后，本部分进一步检验制造业与生产性服务业协同集聚的影响因素。表 5-8 中列（1）是 OLS 模型估计结果，列（2）是 OLS 的时间固定效应模型估计结果，列（3）是 OLS 的地区固定效应模型估计结果,列(4)是OLS的时间地区双固定效应模型估计结果,列(5)是SDM模型估计结果。表5-8中的Hausman检验均显著,表明应选择固定效应模型。

表5-8 制造业与生产性服务业协同集聚水平影响因素的回归结果

变量	(1)	(2)	(3)	(4)	(5)
Re	−0.004	−0.004	0.001	−0.001	−0.066
	(0.030)	(0.031)	(0.033)	(0.033)	(0.051)
Mas	−0.031	−0.016	−0.025	−0.023	0.623
	(0.029)	(0.016)	(0.024)	(0.016)	(0.615)
Ope	0.057*	0.065*	0.036*	0.032*	0.072*
	(0.032)	(0.036)	(0.021)	(0.019)	(0.040)
Las	0.002	0.001	0.007	0.005	0.042
	(0.006)	(0.006)	(0.007)	(0.007)	(0.096)
Tra	0.166**	0.106*	0.153*	0.093*	0.216*
	(0.070)	(0.062)	(0.087)	(0.052)	(0.123)
Urb	0.032**	0.029*	0.014	0.028*	0.369*
	(0.015)	(0.016)	(0.016)	(0.016)	(0.217)
Edu	−0.011	0.002	0.020	0.021	−0.099
	(0.072)	(0.073)	(0.073)	(0.073)	(0.264)
Hou	−0.135*	−0.152	−0.171*	−0.242*	−2.759*
	(0.077)	(0.139)	(0.101)	(0.142)	(1.449)
Int	−0.014**	−0.006	−0.013**	−0.009	0.086
	(0.006)	(0.005)	(0.006)	(0.006)	(0.152)
Gov	0.009	0.021	−0.011	−0.003	−0.608*
	(0.014)	(0.016)	(0.013)	(0.014)	(0.325)
Rho	—	—	—	—	−0.571*
					(0.302)
Obs	1080	1080	1080	1080	1080

注:***、**、*分别表示1%、5%和10%的显著性水平,括号内数字为标准误。
资料来源:根据测算结果整理。

根据表5-8列(5),制造业与生产性服务业协同集聚具有负向的空间溢出效应,即本地区制造业与生产性服务业协同集聚会抑制邻近地区制造业与生产性服务业协同集聚。对外开放度(Ope)、交通便利度(Tra)、城市规模(Urb)对制造业与生产性服务业协同集聚具有促进作用。房价水平（Hou）、政府干预度（Gov）对制造业与生产性服务业协同集聚存在抑制作用。资源禀赋（Re）、市场规模（Mas）、劳动力技能（Las）、教育水平（Edu）、互联网规模（Int）对制造业与生产性服务业协同集聚的影响不显著。究其原因，高水平对外开放有助于制造业商品贸易、跨境服务贸易规模扩大，加强技术密集型制造业与生产性服务业外商投资，提高制造业、生产性服务贸易国际竞争力。完善的交通运输体系可以增强地区之间经济关联程度，有利于各地区开展分工协作，并且可以提高运输效率和降低物流成本，促进商品、生产要素跨地区流动，进而促进制造业与生产性服务业协同集聚。城市作为经济活动的重要载体，其规模扩张往往伴随着产业布局调整，规模较大的城市具有充足的空间供新兴产业布局，生产性服务业与制造业的空间配置较为合理，能够较好地支撑两者协同集聚。房价过高会导致生产性资本涌入房地产业，挤压制造业企业和其他生产性服务业企业投资，且房价超出劳动力承受极限必然引致劳动力流出，不利于制造业与生产性服务业协同集聚。

第五节　本章小结

本章首先刻画了长江经济带整体制造业、细分制造业集聚水平的时空演化特征。研究发现，2010~2019年，长江经济带制造业集聚水平总体保持平稳态势，下游地区集聚水平最高，中游地区其次，上游地区最低。长江经济带沿线省份和城市制造业集聚水平表现为"东高西低"的分布特征。上海、江苏、浙江、湖北制造业区位商较高，贵州、云南制造业区位商较低。安徽、江西、湖北3省份制造业集聚水平呈现上升趋势，湖南、重庆、四川、贵州4省份制造业集聚水平总体平稳，上海、江苏、浙江、云南4省份制造业集聚水平呈现下降趋势。长江经济带下游地区城市大多制造业集聚水平较高，中游和上游地区城市大多制造业集聚水平较低。浙江的化学纤维制造业、江西的废弃资源利用业、云南的烟草制品业持续保持在较高集聚水平。针对不同制造业细分行业的特点将其归为轻纺工业、资源加工工业、装备制造业三类，进而分析长江经济带制造业集聚水平的行业特征。装备制造业空间基尼系数较高，轻纺工业其次，资源加工工业最低。具体而言，轻纺工业中纺织业，纺织服装、鞋、帽制造业等相关行业分布较为集中且高于制造业整体集聚水平，而农副食品加工业、食品制造业等行业则布局较为分散且低于制造业整体集聚水平；资源加工工业中仅有化学纤维制造业、金属制品业集聚水平高于制造业整体集聚水平，其他细分行业均低于制造业整体集聚水平；装备制造业各细分行业集聚水平均高于制造业整体集聚水平。

接下来，采用 OLS 模型、SDM 模型对长江经济带制造业集聚水平的影响因素进行实证检验，得出以下研究结论：

第一，长江经济带制造业集聚水平存在负向空间溢出效应，即本地区制造业集聚的同时会抑制周围地区制造业集聚。对外开放度、交通便利度、城市规模、教育水平可以促进制造业集聚。资源禀赋、政府干预度会抑制制造业集聚。市场规模、劳动力技能、房价水平、互联网规模对制造业集聚的作用不显著。

第二，从分区域的回归结果来看，长江经济带中游和下游地区存在显著的负向空间溢出效应，本地区制造业集聚对邻近地区制造业集聚产生抑制作用。在上游地区，市场规模、对外开放、教育水平对制造业集聚具有促进作用，资源禀赋、房价水平对制造业集聚具有抑制作用；在中游地区，对外开放度、劳动力技能、交通便利度对制造业集聚具有正向效应，互联网规模、政府干预度对制造业集聚具有抑制作用；在下游地区，劳动力技能、交通便利度、城市规模有助于制造业集聚，资源禀赋不利于制造业集聚。

第三，拓展分析进一步检验了制造业与生产性服务业协同集聚水平的影响因素，研究结果表明，制造业与生产性服务业协同集聚具有负向的空间溢出效应，对外开放度、交通便利度、城市规模对制造业与生产性服务业协同集聚具有促进作用。房价水平、政府干预度对制造业与生产性服务业协同集聚存在负向作用。

第六章　长江经济带制造业集聚的
创新效应研究

　　中国正处于转变发展方式、优化经济结构、转换增长动力的攻坚期。长江经济带作为驱动经济高质量发展的重要策源地，研发经费、新产品销售收入、发明专利数量占全国近一半的比重，市场导向的应用型创新成效显著，制造业新模式、新业态不断涌现。制造业集聚所带来的规模经济、知识传播、技术交流等优势可以促进区域创新水平提升，也可能由于过分追逐经济利益、同质化恶性竞争而形成拥挤效应进而抑制区域创新。那么，制造业集聚对区域创新存在何种影响？其作用机理如何？本章以2010~2019年长江经济带108个地级及以上城市为研究对象，从空间视角实证检验长江经济带制造业集聚对区域创新的影响，基于新经济地理学理论探讨劳动力流动在制造业集聚影响区域创新过程中的机制作用，并进一步探究不同禀赋结构下制造业集聚对区域创新的门槛效应。

第一节　长江经济带制造业集聚创新效应的评估方法

一、计量模型确定

1. 基准模型

将区域创新水平（Inn）视为被解释变量，以创新指数表征区域创新水平，Man 为解释变量制造业集聚水平，根据理论分析和机理分析将制造业集聚的平方项（Man^2）同时引入模型，以检验制造业集聚水平与区域创新之间是否存在"U"形曲线关系。构建如下基准模型考察长江经济带制造业集聚对区域创新的影响：

$$Inn_{it} = \alpha_0 + \alpha_1 Man_{it} + \alpha_2 Man_{it}^2 + \beta X_{it} + \varepsilon_{it} \tag{6-1}$$

式（6-1）中，i 为长江经济带 108 个地级及以上城市截面单位；t 为年份；α_0、α_1、α_2、β 为待估计参数；X 为一系列控制变量；ε 为随机扰动项。

2. 空间计量模型

根据创新扩散理论，区域创新可能存在一定的空间溢出效应。因此，要对被解释变量区域创新的空间溢出效应进行有效控制，选用空间计量模型可以克服设定误差、信息损失等弊端。空间计量模型主要分为三种类型：空间滞后模型（Spatial Lag Model，SLM）、空间误差模型（Spatial Error Model，SEM）和空间杜宾模型（Spatial Durbin Model，SDM）。因此，根据理论分析，引入制造业集聚水平的平方项，遵照 OLS-［SLM 和 SEM］-SDM 这一路径对模型进行检验和设定，建立空间计量模型。若仅存在内生空间交互效应，则采用 SLM 模型，引入被解释变量的空间滞后项：

$$Inn_{it} = \alpha_0 + \delta W Inn_{it} + \alpha_1 Man_{it} + \alpha_2 Man_{it}^2 + \beta X_{it} + \varepsilon_{it} \tag{6-2}$$

若仅存在误差项空间交互效应，空间交互项系数（θ_i）、因变量空间滞后项系数（δ）以及回归系数（α_i）之间满足 $\theta_i = -\delta\alpha_i$ 时，则采用 SEM 模型：

$$\mu_{it} = \lambda W\mu_{it} + \lambda_{it} \tag{6-3}$$

若内生空间交互效应、误差项空间交互效应均存在，则采用 SDM 模型：

$$Inn_{it} = \alpha_0 + \delta WInn_{it} + \alpha_1 Man_{it} + \alpha_2 sMan_{it} + \alpha_1 X_{it} + \theta_1 WMan_{it} + \theta_2 WMan_{it}^2 + \theta_3 WX_{it} + \varepsilon_{it}$$

$$\tag{6-4}$$

式（6-2）、式（6-3）、式（6-4）中，Inn 为被解释变量；Man 为解释变量；Man^2 为解释变量的平方项；W 为空间权重矩阵；α、β 为相应变量的回归系数；μ_{it} 和 ε_{it} 为服从独立同分布的扰动项。首先采用 LM 检验来判断空间滞后效应与空间误差效应是否显著，而后通过 LR 检验来判断空间杜宾模型是否可以简化为空间滞后模型或空间误差模型（邵帅等，2019）。检验结果表明，在两种空间距离权重下，LM 与 LR 检验都通过 1% 的显著性检验，因此可以选用空间杜宾模型进行实证检验。

3. 中介效应模型

根据前文理论分析，制造业集聚水平可能通过劳动力流动影响区域创新，故而建立下述中介效应模型，围绕劳动力流动在制造业集聚影响区域创新之间过程中发挥怎样的作用展开识别检验：

$$Lam_{it} = \varphi_0 + \varphi_1 Man_{it} + \varphi_2 Man_{it}^2 + \varphi_3 Y_{it} + \varepsilon_{it} \tag{6-5}$$

$$Inn_{it} = \rho_0 + \rho_1 Man_{it} + \rho_2 Man_{it}^2 + \rho_3 Y_{it} + \rho_4 Lam_{it} + \varepsilon_{it} \tag{6-6}$$

式（6-5）、式（6-6）中，Y 为控制变量组成的向量集；Lam 为可能的中介变量劳动力流动。按照中介效应模型所遵循的基本原理（Baron & Kenny，1986），若 φ_1 和 φ_2 都显著，与此同时 ρ_1、ρ_2 相对式（6-1）中的 α_1、α_2 而言较小，或显著性水平下降，则表示 Lam 为中介变量。

4. 门槛回归模型

根据理论分析，基于 Hansen（1999）的门槛回归模型，探究在不同禀赋结构下，制造业集聚对区域创新是否会产生不同的影响。首先设定传统的单一门槛回归模型：

$$Inn_{it} = \alpha X_{it} + \beta_1 Man_{it} \times I(Ens_{it} \leq \delta) + \beta_2 Man_{it} \times I(Ens_{it} > \delta) + C + \varepsilon_{it} \tag{6-7}$$

式（6-7）中，Inn_{it} 为第 i 个地区第 t 年的区域创新水平，X 为控制变量，Man_{it} 为核心解释变量长江经济带的制造业集聚水平，Ens 为门槛变量禀赋结构（资本劳动比），δ 为门槛值，α 为影响系数，β_1、β_2 分别为在 $Ens \leq \delta$ 和 $Ens > \delta$ 的情况下被解释变量相对应的影响系数，C 为常数项，$\varepsilon_{it} \sim (0, \sigma)$ 为随机扰动项，I 为指示性函数，I 的取值与括号之中的条件是否成立相关，若成立，则将其设定为 1，否则设定为 0。

式（6-7）仅假设存在一个门槛，但可能存在两个及以上门槛，因此设定双重门槛模型及三重门槛模型。双重门槛检验和三重门槛检验的公式如式（6-8）、式（6-9）所示，相应地，β_2 和 β_3 的意义类似于 β_1，三重门槛以上的多重门槛模型不再赘述：

$$Inn_{it} = \alpha X_{it} + \beta_1 Man_{it} \times I(Ens_{it} \leq \delta_1) + \beta_2 Man_{it} \times I(\delta_1 < Ens_{it} \leq \delta_2) + \beta_3 Man_{it} \times I(Ens_{it} > \delta_2) + C + \varepsilon_{it} \tag{6-8}$$

$$Inn_{it} = \alpha X_{it} + \beta_1 Man_{it} \times I(Ens_{it} \leq \delta_1) + \beta_2 Man_{it} \times I(\delta_1 < Ens_{it} \leq \delta_2) + \beta_3 Man_{it} \times I(\delta_2 < Ens_{it} \leq \delta_3) + \beta_4 Man_{it} \times I(Ens_{it} > \delta_3) + C + \varepsilon_{it} \tag{6-9}$$

二、研究变量选取

1. 被解释变量

区域创新（Inn）。随着知识经济时代的到来，专利可以作为科技创新产出的主要衡量尺度，专利的数量和质量在一定程度上可以表征区域创新水平。《中国城市和产业创新力报告 2017》运用发明专利的价值来测度创新指数。具体而言，寇宗来和刘学悦（2017）认为相比研发支出、研发人员数量这类创新投入端数据，采用专利来表示创新水平是更加合理的选择。国家知识产权局申请的专利主要包括发明专利、实用新型和外观设计三种，其中发明专利的价值更能代表创新能力。仅采用专利数量难免有失偏颇，因此以发明专利的价值来表征创新水平，并选用专利更新模型来测度以往专利的存续价值。然而，这一方法难以反映新发明专利现状。因此，本章在借鉴寇宗来和刘学悦（2017）方法的基础上，引入当年新增发明专利数量，对发明专利价值与当年新增发明专利数量进行加权，构造城市创新指数以表征城市创新水平。

2. 核心解释变量

制造业集聚水平（*Man*）。长江经济带 108 个地级及以上城市制造业集聚水平由区位商方法测算所得。

3. 中介变量

劳动力流动（*Lam*）。选用引力模型基于相对工资水平来表征劳动力流动。劳动力流动指劳动力在区域之间的迁移，实质是劳动力要素在地区之间的重新配置。劳动力流动的主要原因是不同地区收入水平存在差异。劳动力参与生产很大程度上是为了获取劳动收入。由于地区之间工资水平存在差异，劳动力为追求更高的收入，会从工资水平较低的地区向工资水平较高的地区流动。若一个地区相对工资水平较高，则会吸引更多劳动力尤其是高技能劳动力流入，使得相关研发知识得到扩展。同时劳动力技术迭代也会加快技术在制造业生产过程中的应用，为实现技术创新创造更多可能性。参考陈明生等（2022），选用引力模型基于相对工资水平测度劳动力流动，公式如下：

$$Lam_{ij,t} = \ln Lab_{i,t} \times \ln(Wage_{i,t} - Wage_{j,t}) \times W_{ij}^{-2} \tag{6-10}$$

$$Lam_{i,t} = \sum_{j=1}^{n} Lam_{ij,t} \tag{6-11}$$

式（6-10）中，$Lab_{i,t}$ 表示 i 城市 t 年的劳动力数量；$Wage_{i,t}$ 和 $Wage_{j,t}$ 分别代表 i 城市和 j 城市 t 年的在岗职工平均工资；W_{ij} 表示基于 i 城市与 j 城市之间经纬度数据测算的地理距离。式（6-11）中，$Lam_{i,t}$ 表示 i 城市 t 年劳动力流动水平。

4. 门槛变量

禀赋结构（*Ens*）。不同地区的禀赋结构也存在差异，在资本劳动比较高的地区，制造业集聚可能对区域创新具有更强的促进作用。采用资本存量与劳动力数量的比值（%）来表征地区禀赋结构。

5. 控制变量

①政府研发支出（*Grd*）。研发投入是促进企业持续创新能力的重要源泉，而创新活动具有回报周期长、风险较高的特点，政府科技经费投入是研发经费的主体，因此采用政府科技经费支出占 GDP 的比重（%）来衡量城市研发能力（史丹、叶云岭，2023）。

②市场化程度（*Mar*）。较高的市场化程度可以激励企业开展研发活动从而增加竞争力。参考樊纲等（2003），从政府与市场关系、非国有经济发展、产品市场发育、要素市场发育、中介组织发育和法律制度环境几个方面选取地级市层面可获取数据构建市场化指数来反映市场化程度。

③教育水平（*Edu*）。教育水平的高低在一定程度上反映了创新投入的高低，并且对创新产出可能具有决定性的影响。采用学校专任教师人数与在校学生的比值（%）、政府教育支出占财政支出比重（%）两者的加权值来代表教育水平。

④就业结构（*Ems*）。在拥有较大规模和较多数量制造业企业的地区，一般也会拥有较为丰裕的制造业从业人员，这种就业容纳效应所形成的"劳动力池"可以为区域创新提供智力支撑，但也有可能倾向于发展劳动密集型制造业从而不利于区域创新。采用第二产业从业人员数（万人）占城市总就业人数（万人）的比重（%）来表征就业结构。

⑤医疗水平（*Mel*）。良好的医疗条件可以为从业人员身体健康提供保障，也会对高技能劳动力产生吸附作用，从而促进制造业企业发展与区域科技创新。采用地级市医疗卫生机构数（个）与每万人口医疗卫生机构床位数（张）的加权值来间接表征医疗水平。

⑥金融发展规模（*Fin*）。金融支持科技创新是金融服务实体经济的关键所在。基于数据可得性，选用年末金融机构贷款余额（万元）占 GDP 的比例（%）

作为城市金融发展规模的代理变量。

⑦房价水平（*Hou*）。参考已有文献，采用中国房价行情平台（www.creprice.cn）提供的各城市年度二手房挂牌均价（万元/平方米）来反映房价水平（陈艳如等，2021）。

综上，本章选取政府研发支出（*Grd*）、市场化程度（*Mar*）、教育水平（*Edu*）、就业结构（*Ems*）、医疗水平（*Mel*）、金融发展规模（*Fin*）、房价水平（*Hou*）作为控制变量。

6. 空间权重矩阵

长江经济带自然资源禀赋与社会经济发展水平在不同区域差异较大，且制造业集聚具有较强的空间相关性，研究制造业集聚需要在模型中纳入反映空间关联的权重矩阵（黄磊、吴传清，2019）。因此，基于城市间的地理距离得到地理距离空间权重矩阵（W_1），以表征地理距离因素对区域创新的影响。采用城市所对应的人均 GDP 绝对差值的倒数构建经济距离矩阵（W_2）。通过 Matlab 点乘法得到同时反映城市经济信息和地理信息的经济地理矩阵 W，使 $W = \omega W_1 + (1-\omega) W_2$，其中，$\omega$ 代表地理距离空间权重矩阵的权重，将其设定为 0.5。

三、数据来源

变量数据均来源于国家知识产权局官方网站、国家市场监管总局官方网站、《中国专利全文数据库（知网版）》，历年《中国城市统计年鉴》《中国统计年鉴》《中国工业经济统计年鉴》《中国工业统计年鉴》以及相关城市所在省份的统计年鉴等。控制变量房价水平来源于中国房价行情平台（www.creprice.cn）。选取 2010~2019 年长江经济带 108 个地级及以上城市的面板数据进行实证分析。被解释变量、解释变量、控制变量均作对数处理，以消除可能出现的异方差影响。所涉及的被解释变量、解释变量的变量描述和数据来源如表 6-1 所示。

表 6-1　长江经济带制造业集聚创新效应的变量选取与数据来源

变量类型	指标选择	符号	指标描述	数据来源
被解释变量	区域创新	*Inn*	基于城市专利数据测算得出的创新指数	
核心解释变量	制造业集聚水平	*Man*	通过区位商方法计算得出制造业区位商	
中介变量	劳动力流动	*Lam*	基于劳动力工资运用引力模型计算所得	
门槛变量	禀赋结构	*Ens*	资本存量与劳动力数量的比值	
控制变量	政府研发支出	*Grd*	政府科技经费支出占 GDP 的比重	EPS 数据库 《中国统计年鉴》 《中国城市统计年鉴》 《中国工业经济统计年鉴》 《中国工业统计年鉴》 中国房价行情平台
	市场化程度	*Mar*	测算得出的市场化综合指数	
	教育水平	*Edu*	学校专任教师人数与在校学生比值、政府教育支出占财政支出比重的加权值	
	就业结构	*Ems*	第二产业从业人员数占就业人数比重	
	医疗水平	*Mel*	医疗卫生机构数、每万人口医疗卫生机构床位数的加权值	
	金融发展规模	*Fin*	年末金融机构贷款余额占 GDP 的比重	
	房价水平	*Hou*	年度二手房挂牌均价	

资料来源：根据相关资料整理。

四、特征事实分析

以城市创新指数来表征城市创新水平。2010～2019 年，长江经济带城市创新指数呈逐年上升态势，城市创新指数平均值由 2010 年的 1.535 上升至 2019 年的 3.679。从长江经济带上中下游地区来看，下游地区城市创新指数平均值远高于中游地区和上游地区，且差距不断扩大。究其原因，下游地区城市正处于工业化后期，经济发展基础较为雄厚，其创新氛围更为浓厚，创新资源吸附能力较强，且能够更好地发挥乘数效应，带动下游地区城市创新产出与投入保持同步快速增长，促进区域创新水平提升。中游和下游地区城市创新指数平均值低于长江经济带平均值，这可能由于中游地区和上游地区城市大多数处于工业化中期或起步阶段，创新创业环境有待优化，创新人才培养力度不足，城市创新投入低与创新产出低并存，创新水平不高、自主创新水平较弱、新旧动能转换进程偏慢，大量人才和创新资源不断向其他地区转移，因此区域创新水平较低。当前长江经济带整体创新指数提升主要依靠下游地区拉动，虽然中游地区和上游地区对创新驱动发展的重视程度大大提高，创新投入和创新产出大幅提升，但受制于人才、技术、产业基础等局限，创新指数依然与下游地区相比存在巨大差距。

从长江经济带上中下游地区城市创新指数平均值增速来看，下游地区城市创新指数增速最快，中游地区其次，上游地区城市创新指数提升最慢。究其原因，下游地区城市创新资源配置效率较高，拥有一批高附加值的先进制造业与高技术制造业，创新驱动在经济转型发展中的作用不断凸显，集聚了大量研发人才。近年来长江经济带下游地区在区域协同创新上取得显著成效，共建了一批高水平研发平台，组建了一批跨区域创新联合体以及集成电路、生物医药、新能源汽车、人工智能等产业链联盟。中游地区拥有一大批大学和科研院所，科教资源丰富，产业基础良好，且具有交通区位优势，是人流、物流、信息流、资金流的关键枢纽，近年来电子信息、高端装备制造、汽车、生物医药、新材料等产业发展迅速，然而传统产业占比依然偏高，品牌竞争力不强，基础性的重大创新成果较少，阻碍技术市场、资本市场和人才市场融合的制度壁垒仍然存在，因此相比下游地区差距逐步扩大。上游地区受制于其较为薄弱的经济基础，创新发展的人力资本和资金投入较低，创新资源配置效率较低，虽然近年来明确产业定位和发挥比较优势，创新投入和产出比例改善显著，创新驱动发展能力有所提高，但科技创新资源仍处于相对分散的状态，创新活动主要集中于重庆、成都，对成渝地区双城经济圈其他城市的引领带动不足，科技创新平台和人才资源缺乏，科技创新合作深度广度不够，尚未真正形成协同创新合力，因此创新指数相比下游和中游地区存在较大差距。

根据创新指数测算值排名，将长江经济带 108 个地级及以上城市分为 0～

25%、25%~50%、50%~75%、75%~100%区间。长江经济带沿线城市创新指数分布不均，呈现为上中下游地区依次递增的分布格局。2019年，上海、杭州、苏州创新指数居于长江经济带创新指数前三位，南京、武汉、成都、无锡、重庆、宁波、武汉紧随其后。值得关注的是，2019年，长江经济带所有的省会城市均排名位于前25%。除省会城市、区域中心城市以外，排名位于前25%的大多城市位于下游地区。中游地区城市创新指数大多位于25%~75%。创新指数排名后25%的城市大多位于上游地区。

总体而言，虽然长江经济带整体创新水平较高，但沿线地区创新水平差距明显，研发投入分化现象严重，创新要素大多流向下游地区，中上游地区创新发展动力不足，导致一些地区陷入创新空洞化的不利境地。上游和中游地区关键共性技术研发合作平台分布较少，虽然这些平台在提升交叉前沿领域的源头创新水平和科技综合实力方面发挥了一定的前沿引领作用，但协同创新机制、成果共享机制还有待完善，难以辐射带动区域创新水平提升。

第二节　长江经济带制造业集聚对区域创新的影响分析

一、长江经济带制造业集聚对区域创新的影响

为检验制造业集聚对长江经济带城市创新水平的空间溢出效应，借鉴 Lesage 和 Pace（2009）的研究方法，将总效应分为直接效应和间接效应，其中，直接效应表示制造业集聚对本地区创新水平的影响，间接效应表示制造业集聚对周围其他地区创新水平的影响，回归结果如表 6-2 所示。

表6-2 空间杜宾模型回归结果

变量	直接效应	间接效应	总效应
Man	-0.169**	-0.910**	-1.079***
	(0.084)	(0.378)	(0.361)
Man^2	0.115*	1.161***	1.277***
	(0.059)	(0.350)	(0.327)
Grd	0.023**	0.002	0.025
	(0.011)	(0.022)	(0.019)
Mar	-0.173	6.726***	6.552***
	(0.241)	(0.353)	(0.268)
Edu	0.096**	0.938***	1.035***
	(0.043)	(0.259)	(0.253)
Ems	-0.063**	-0.119***	-0.182***
	(0.027)	(0.036)	(0.034)
Mel	-0.019	0.167**	0.148*
	(0.032)	(0.071)	(0.078)
Fin	0.029	-0.029	0.001
	(0.021)	(0.028)	(0.024)
Hou	-0.860**	-2.276***	-3.137***
	(0.436)	(0.766)	(0.680)
Rho	1.067***	1.067***	1.067***
	(0.151)	(0.151)	(0.151)
R^2	0.661	0.661	0.661
Obs	1080	1080	1080

注：***、**、*分别表示1%、5%和10%的显著性水平，括号内数字为标准误。
资料来源：根据测算结果整理。

由表6-2可知，空间自回归系数 Rho 通过1%的显著性检验，即长江经济带城市创新水平具有显著的空间溢出效应，本地区创新水平提升也会促进周围其他地区创新水平提高，因此假说2-1成立。从直接效应来看，制造业集聚水平（Man）的回归系数显著为负，而其平方项（Man^2）的回归系数显著为正，表明制造业集聚与城市创新水平之间存在"U"形曲线关系，即制造业集聚水平的提升对城市创新水平具有先抑制、后促进的作用。究其原因，在工业化初期，大多数地区发展制造业以资源密集型和劳动密集型制造业为主导，企业将大量劳动力和资本主要投入用于扩大生产规模，而忽视创新研发，可能会对城市创新水平产生一定的抑制作用。随着制造业集聚水平的提高，各企业之间竞争关系日趋激烈，只有具备持续创新的能力才能抢占市场份额和赢得发展先机。从间接效应来看，制造业集聚水平（Man）的回归系数显著为负，而平方项（Man^2）的回归系数显著为正，表明制造业集聚不仅可以影响本地区创新水平，还会对邻近地区创新水平造成影响。这是由于伴随着地区间的商品贸易和劳动力流动，知识、技术、信息等创新要素会相应扩散。此外，高校、科研院所、实验室作为科技创新的重要载体，对于各地区之间的知识传播、技术交流发挥积极作用。基于此，假说 2-2 成立。

从控制变量来看，市场化程度（Mar）对长江经济带城市创新水平具有显著的正向影响。对于市场化程度较高的地区而言，公平竞争制度更加完善，市场决定价格机制能够较好实现，行业进入隐性壁垒相对较低，这将吸引大量企业不断涌入该地区，引致市场参与主体更加多元化以及市场竞争更加激烈，倒逼企业加强技术研发和技术引进从而促进区域创新水平提升。教育水平（Edu）对城市创新水平具有显著的促进作用。区域创新发展需要大量的创新人才作为支撑，较高的教育水平可以培养适应创新发展的战略人才力量，提升知识密集型产业的数量和质量，形成人才与产业的乘数效应，进而推动区域创新发展。就业结构（Ems）对城市创新水平具有显著的负向影响。对于第二产业从业人员数占比较高的地区而言，第二产业规模相对较大，劳动密集型产业占比较高。生产性服务业为制造业转型升级、品质提升提供所需服务，创新投入和产出大量集中于以信息服务、科技服务、检验检测为代表的生产性服务业。第二产业从业人员数占比较高可能对这些技术密集型产业产生挤压效应，从而不利于区域创新发展。医疗水平（Mel）对长江经济带城市创新的影响显著为正。医疗是基本公共服务的重要组成部分，居民健康需求不断增加，劳动力更加倾向于在医疗水平较高的地区工作生活，更好地形成支撑科技创新的人力资源基础。房价水平（Hou）对长江经济带城市创新的影响显著为负。较高的房价将吸引企业将资金投入房地产行业而非创新研发，对研发投入造成挤出效应，同时也会给劳动力带来较高的生活成本，不利于创新型人才集聚。

二、稳健性检验

以替换模型、替换被解释变量等方法对制造业集聚与区域创新的关系进行重新估计。替换模型部分，由于区域创新具有空间溢出效应，制造业集聚也存在明显的空间关联现象。因此，将模型替换为同样考虑空间权重矩阵的 SEM 模型、SLM 模型。替换被解释变量部分，有鉴于创新是一个持续积累的过程，采用发明专利授权存量替代前文城市创新指数方法来表征创新水平。表 6-3 中列（1）是 SEM 模型估计结果，列（2）是 SLM 模型估计结果，列（3）是替换被解释变量估计结果。

表 6-3 稳健性检验回归结果

变量	（1）	（2）	（3）
Man	-0.413***	-2.129***	-0.703***
	(0.088)	(0.661)	(0.129)
Man^2	0.234***	1.031***	0.171**
	(0.055)	(0.386)	(0.081)
Grd	0.034***	0.196***	0.050***
	(0.012)	(0.063)	(0.016)
Mar	-0.019	4.301***	1.433***
	(0.220)	(0.575)	(0.258)
Edu	0.003	0.343	0.135**
	(0.045)	(0.250)	(0.065)
Ems	0.051*	0.074	-0.076*
	(0.029)	(0.182)	(0.044)
Mel	-0.048	0.014	0.069
	(0.032)	(0.197)	(0.047)
Fin	0.011	-0.047	0.001
	(0.024)	(0.113)	(0.030)

续表

变量	（1）	（2）	（3）
Hou	0.553 （0.495）	3.729 （2.424）	−0.225 （0.654）
Rho	0.973*** （0.067）	0.814*** （0.032）	0.537*** （0.060）
R²	0.703	0.552	0.489
Obs	1080	1080	1080

注：***、**、*分别表示1%、5%和10%的显著性水平，括号内数字为标准误。

资料来源：根据测算结果整理。

稳健性检验结果表明，无论是替换模型抑或替换被解释变量，区域创新的空间相关系数显著为正，长江经济带城市制造业集聚与区域创新表现都为先抑制、后促进的"U"形曲线关系，可见前文回归结果具有较强的稳健性。

三、分区域回归结果

把长江经济带划分为上中下游地区三大区域，验证不同区域制造业集聚对区域创新影响的差异。表6-4报告了长江经济带上中下游地区制造业集聚影响区域创新的空间杜宾模型（SDM）估计结果。

表6-4　长江经济带上中下游地区回归结果

变量	上游地区	中游地区	下游地区
	（1）	（2）	（3）
Man	0.702* （0.391）	−0.195* （0.118）	−1.291*** （0.188）
Man²	0.053 （0.238）	0.548*** （0.196）	1.485* （0.455）
Grd	0.907*** （0.064）	−0.004 （0.013）	0.041 （0.024）
Mar	1.358** （0.616）	0.183 （0.228）	0.125 （0.295）

续表

变量	上游地区	中游地区	下游地区
	（1）	（2）	（3）
Edu	0.734 ***	0.215 ***	0.174 *
	(0.229)	(0.060)	(0.096)
Ems	0.278	−0.013	−0.075 *
	(0.331)	(0.052)	(0.042)
Mel	0.513 *	−0.023	−0.009
	(0.289)	(0.042)	(0.058)
Fin	0.044	0.007	0.061
	(0.316)	(0.029)	(0.041)
Hou	−14.250 ***	1.012	−2.856 ***
	(2.915)	(0.662)	(0.631)
Rho	0.402	0.463	1.384 ***
	(0.365)	(0.355)	(0.236)
R^2	0.553	0.478	0.421
Obs	310	360	410

注：*** 、** 、* 分别表示1%、5%和10%的显著性水平，括号内数字为标准误。
资料来源：根据测算结果整理。

根据表6-4可知，长江经济带上中下游地区的回归结果显示，上游和中游地区的空间自回归系数不显著为正，下游地区城市创新水平的空间自回归系数在1%的水平上显著为正，表明下游地区创新水平存在显著的正向空间溢出效应，即创新水平较高的地区会带动周边地区创新水平提高。

上游地区制造业集聚水平（Man）系数显著为正，制造业集聚水平的平方项（Man^2）系数不显著为正。这表明上游地区制造业集聚能够有效促进区域创新水平提升。中游和下游地区制造业集聚水平（Man）系数显著为负，制造业集聚水平的平方项（Man^2）系数显著为正。这表明中游和下游地区制造业集聚和区域创新之间存在显著的"U"形曲线关系，制造业集聚水平的提升对城市创新水平会产生先抑制、后促进的影响。究其原因，长江经济带上中下游地区制造业发展位势与区域创新能力有所差异，引致制造业集聚对区域创新的作用大小不一致。

长江经济带上游地区制造业比重较低，集聚程度不足，承接其他地区制造业转移可以为本地区带来生产要素和创新要素，改善要素配置结构，更新生产工艺和经营理念，形成制造业企业之间良性竞争的局面，进而带动区域创新发展。对于中游地区而言，制造业集聚初期，得益于其丰富的自然资源禀赋，大力发展石化、钢铁、冶金等传统的资源密集型和劳动密集型制造业而忽视研发创新，制造业集聚对区域创新的抑制作用大于促进作用，随着制造业集聚水平提升，传统制造业企业相互之间的竞争加剧，必须不断通过技术创新以保持领先优势，逐渐突破对资源型产业的依赖，因此长期来看制造业集聚对城市创新水平具有提升作用。下游地区作为中国对外开放先导区，在制造业集聚的初期阶段，制造业集聚对区域创新表现为抑制作用，但当制造业集聚水平达到一定的临界值时，将更加注重开展制造业技术创新，制造业集聚所产生的规模经济效应、知识溢出效应等正外部性越发明显，制造业集聚对区域创新转变为促增作用。

四、基于创新型城市的检验

创新型城市创新要素禀赋较为丰富，创新氛围浓厚且创新市场活跃，一般拥有较好的制造业发展基础。因此，需进一步检验创新型城市与非创新型城市中制造业集聚对创新水平的异质性影响。截至 2019 年底，科技部、国家发展改革委在全国范围内共明确支持 78 个城市开展国家创新型城市建设，包括 72 个地级市、4 个直辖市城区、2 个县级市。本书所涉及的长江经济带 108 个地级及以上城市中创新型城市有 33 个，非创新型城市有 75 个。创新型城市的空间杜宾模型检验如表 6-5 所示，非创新型城市的空间杜宾模型检验如表 6-6 所示。

表6-5　创新型城市空间杜宾模型回归结果

变量	直接效应	间接效应	总效应
Man	1.052*** (0.239)	0.142*** (0.043)	1.195*** (0.274)

续表

变量	直接效应	间接效应	总效应
Man^2	−0.246 (0.211)	−0.036 (0.047)	−0.282 (0.246)
Grd	0.829*** (0.051)	0.120 (0.085)	0.950*** (0.102)
Mar	0.292 (0.227)	0.048 (0.056)	0.340 (0.270)
Edu	0.168 (0.175)	0.026 (0.036)	0.194 (0.203)
Ems	−0.126 (0.317)	−0.019 (0.055)	−0.146 (0.362)
Mel	0.987*** (0.245)	0.143 (0.112)	1.131*** (0.302)
Fin	0.206 (0.197)	0.030 (0.043)	0.236 (0.229)
Hou	13.959*** (1.492)	2.003 (1.389)	15.963*** (1.971)
Rho	0.688* (0.379)	0.688* (0.379)	0.688* (0.379)
R^2	0.657	0.657	0.657
Obs	330	330	330

注：***、**、*分别表示1%、5%和10%的显著性水平，括号内数字为标准误。

资料来源：根据测算结果整理。

由表6-5可知，创新型城市的空间相关系数显著为正，表明创新型城市之间存在显著的正向空间溢出效应，本地区创新水平的提高也会带动邻近地区创新水平提升。制造业集聚水平（Man）系数显著为正，制造业集聚水平的平方项（Man^2）系数不显著，这表明制造业集聚可以促进创新型城市创新水平提升。可能的原因是创新型城市制造业体系较为完备，产业链垂直整合能力强，拥有较为完善的技术转化服务体系，制造业发展壮大对创新型城市建设能够发挥有效带动支撑作用。

由表6-6可知，非创新型城市创新水平的空间相关性系数显著为正，表明非创新型城市之间存在正向的空间溢出效应，本地区创新水平的提高也会带动邻近地区创新水平提升。核心解释变量制造业集聚水平（Man）的系数显著为负，制造业集聚水平的平方项（Man^2）的系数显著为正，这表明非创新型城市与长江经济带整体回归结果一致，制造业集聚与区域创新之间存在显著的"U"形曲线关系，制造业集聚对非创新型城市创新表现为先抑制、后促进的影响，制造业集聚能否带动区域创新发展取决于能否迈过拐点。

表6-6 非创新型城市空间杜宾模型回归结果

变量	直接效应	间接效应	总效应
Man	-0.791^{***}	-0.209	-1.001^{***}
	(0.159)	(0.298)	(0.303)
Man^2	0.389^{***}	2.996	3.386^{*}
	(0.124)	(1.963)	(1.989)
Grd	0.781^{**}	1.270^{*}	2.051^{***}
	(0.312)	(0.702)	(0.710)
Mar	0.200	-1.320	-1.120
	(0.180)	(4.018)	(4.082)
Edu	0.159	2.870	3.029
	(0.120)	(3.019)	(3.062)
Ems	0.202	5.020	5.223
	(0.168)	(4.211)	(4.294)
Mel	0.229	-0.692	-0.463
	(0.220)	(1.546)	(1.602)
Fin	-0.029	4.711^{**}	4.681^{**}
	(0.131)	(2.284)	(2.323)
Hou	11.347^{***}	-23.270^{***}	-11.923^{***}
	(0.897)	(2.185)	(2.482)
Rho	0.407^{***}	0.407^{***}	0.407^{***}
	(0.151)	(0.151)	(0.151)
R^2	0.810	0.810	0.810
Obs	750	750	750

注：$***$、$**$、$*$分别表示1%、5%和10%的显著性水平，括号内数字为标准误。
资料来源：根据测算结果整理。

第三节　长江经济带制造业集聚对区域创新的影响机制分析

检验长江经济带制造业集聚是否可以通过劳动力流动（*Lam*）影响区域创新，即劳动力流动是否是制造业集聚与区域创新的中介变量。表6-7中列（1）是模型（6-1）的回归结果，列（2）是模型（6-5）的回归结果，列（3）是模型（6-6）的回归结果。

表6-7　中介效应回归结果

变量	（1） 式（6-1）	（2） 式（6-5）	（3） 式（6-6）
Lam	—	—	0.108 *** （0.028）
Man	−0.503 ** （0.212）	0.666 ** （0.298）	−0.418 ** （0.213）
Man²	0.194 * （0.102）	−0.071 （0.119）	0.116 （0.108）
Grd	0.163 *** （0.022）	−0.086 ** （0.037）	0.079 *** （0.016）
Mar	3.908 *** （0.291）	0.480 （0.709）	4.549 *** （0.313）
Edu	0.180 ** （0.074）	−0.112 （0.115）	0.144 ** （0.064）
Ems	−0.092 ** （0.041）	0.134 * （0.073）	−0.062 * （0.034）
Mel	0.226 *** （0.044）	−0.045 （0.081）	0.118 *** （0.039）

续表

变量	（1）	（2）	（3）
	式（6-1）	式（6-5）	式（6-6）
Fin	0.113***	−0.027	−0.085***
	（0.025）	（0.062）	（0.023）
Hou	−5.918***	−0.600	1.545
	（1.149）	（1.768）	（1.117）
R^2	0.446	0.426	0.390
Obs	1080	1080	1080

注：***、**、*分别表示1%、5%和10%的显著性水平，括号内数字为标准误。
资料来源：根据测算结果整理。

由表6-7可知，列（3）中 Man、Man^2 系数与列（1）相比相应系数的绝对值有所降低，表明劳动力流动（Lam）是制造业集聚与区域创新的中介变量。究其原因，制造业集聚到一定程度后会形成集聚区，集聚区内的企业将吸纳大量劳动力，为劳动力搭建知识技术交流载体，提供更多的学习培训机会，提高劳动力技能熟练度，同时通过发挥集聚优势来提高劳动力收入，吸引更多劳动力尤其是高技能劳动力向该地区集中，进而为技术创新提供基础。综上所述，假说2-3成立。

第四节　长江经济带制造业集聚对区域创新的门槛效应分析

将门槛变量设置为禀赋结构（Ens），采用Stata17软件，基于式（6-7）、式（6-8）、式（6-9），对模型进行Hausman检验，选择固定效应模型分析，运用Bootstrap法进行抽样，累计抽样次数达300次，表6-8至表6-10为门槛效应检验所得结果。

表6-8　门槛效应检验结果

区域	长江经济带	上游地区	中游地区	下游地区
单门槛检验	3.699*** （0.000）	5.622* （0.087）	5.795** （0.033）	9.113*** （0.000）
双门槛检验	2.980** （0.000）	9.648*** （0.000）	7.350*** （0.000）	0.978 （0.553）
三门槛检验	0.000 （0.270）	0.000 （0.343）	0.000 （0.577）	0.000 （0.590）

注：***、**、*分别代表1%、5%、10%的显著性水平，数值为F统计量，括号内数字为P统计量。

资料来源：根据测算结果整理。

由表6-8可知，长江经济带整体、上游地区、中游地区分别在5%、1%、1%的显著性水平上通过双门槛检验，下游地区在1%显著性水平上通过单门槛检验，未通过双门槛检验。因此，对长江经济带及上游、中游地区采用双门槛检验，对下游地区采用单门槛检验。

由表6-9可知，长江经济带禀赋结构门槛值为4.343、4.861，上游地区禀赋结构门槛值为2.827、4.741，中游地区禀赋结构门槛值为4.274、4.566，下游地区禀赋结构门槛值为4.783。

表6-9　门槛值估计结果

区域	门槛估计值1	95%置信区间	门槛估计值2	95%置信区间
长江经济带	4.343	［2.483，4.891］	4.861	［2.732，4.891］
上游地区	2.827	［2.723，4.538］	4.741	［2.723，4.785］
中游地区	4.274	［2.540，4.487］	4.566	［4.263，4.720］
下游地区	4.783	［2.947，4.863］	—	—

资料来源：根据测算结果整理。

根据表6-10，从长江经济带整体的回归结果来看，制造业集聚对城市创新水平具有显著的双门槛特征。当地区资本劳动比在4.343以下时，制造业集聚对区域创新的影响系数为0.366，呈现为显著的正向关系；超过第一个门槛值4.343后，影响系数为0.110，两者表现为不显著的正向相关关系；当地区资本劳动比超过第二个门槛值4.861后，影响系数为2.210，制造业集聚对区域创新表现为显著的正向影响，且影响系数比到达第一门槛值前更大。究其原因，当资本劳动比较低时，长江经济带以劳动密集型产业为主导产业，注重引导劳动力相对富集的优势得到发挥，在劳动密集型产业设计、制造和组装等环节形成创新优势。随着资本劳动比提高，长江经济带更加注重发展资本密集型产业，从而劳动密集型产业优势逐渐丧失，但资本密集型产业的竞争优势尚未显现，因此在此阶段制造业集聚对区域创新的促进作用不显著。当资本劳动比达到较高水平时，长江经济带更加重视发展资本密集型产业，将大量资本投入科技研发中，为创新活动提供要素保障，制造业集聚对区域创新的促进作用逐渐显现。

表6-10 门槛模型参数估计结果

变量	长江经济带	上游地区	中游地区	下游地区
Grd	0.425***	0.341***	0.266***	0.176***
	(0.022)	(0.054)	(0.036)	(0.030)
Mar	0.489***	0.510	0.365	0.559**
	(0.152)	(0.410)	(0.319)	(0.276)
Edu	0.219**	0.534***	−0.113	0.040
	(0.104)	(0.178)	(0.195)	(0.155)
Ems	−0.039	0.107	−0.558***	−0.112*
	(0.074)	(0.176)	(0.155)	(0.062)
Mel	0.611***	0.808***	0.549***	0.337***
	(0.076)	(0.199)	(0.126)	(0.076)
Fin	−0.208***	−0.442***	0.011	−0.085*
	(0.051)	(0.127)	(0.084)	(0.047)
Hou	15.583***	18.053***	20.103***	0.984
	(0.862)	(2.134)	(1.531)	(0.918)

续表

变量	长江经济带	上游地区	中游地区	下游地区
$Man \times I\ (Ens < \delta_1)$	0.366*** (0.107)	1.714*** (0.608)	-0.977*** (0.280)	0.822*** (0.213)
$Man \times I\ (\delta_1 < Ens < \delta_2)$	0.110 (0.193)	0.623*** (0.157)	-0.057 (0.472)	3.723*** (0.521)
$Man \times I\ (Ens > \delta_3)$	2.210*** (0.802)	-5.137** (2.427)	1.975*** (0.764)	—
R^2	0.767	0.652	0.634	0.643
Obs	1080	310	360	410

注：***、**、* 分别表示1%、5%和10%的显著性水平，括号内数字为标准误。

资料来源：根据测算结果整理。

　　在长江经济带上游地区，当资本劳动比在2.827以下时，制造业集聚对区域创新表现为显著的促进作用；当资本劳动比介于2.827~4.741时，制造业集聚对区域创新表现为显著的促进作用，且影响系数有所下降；当资本劳动比超过4.741时，制造业集聚对区域创新呈现为显著的负向影响。可能的原因是上游地区产业中劳动密集型比重较高，资本劳动比过高的禀赋结构特征与产业发展所需要素投入不匹配，从而不利于区域创新发展。在长江经济带中游地区，当资本劳动比在4.274以下时，制造业集聚对区域创新表现为显著的抑制作用；当资本劳动比介于4.274~4.566时，制造业集聚对区域创新表现为不显著的负向影响；当资本劳动比大于4.566时，制造业集聚可以显著促进区域创新。这是由于中游地区依托丰富的科教资源，近年来大力发展高端装备制造、新一代信息技术等产业，产业规模与资本结构紧密相关。当资本劳动比较低时，高技术制造业发展过程中资本投入不足，创新产出所需的资本投入无法得到满足，不利于区域创新发展。当资本劳动比较高时，良好的资本市场可以为制造业发展提供相适应的融资需求，形成产业链、资金链、创新链有效融合局面。在长江经济带下游地区，当资本劳动比低于4.783时，制造业集聚对区域创新表现为显著的促进作用；当资本劳动比大于4.783时，制造业集聚可以显著带动区域创新，且影响系数有所提升。可能的原因是下游地区制造业技术含量、附加值较高，以资本密集与技术密集为特征的高技术制造业为主导，在资本劳动比更高的地区，制造业集聚对区域创新发展的促进作用可以得到更为有效的发挥。综上所述，假说2-4得到证实。

第五节　本章小结

本章根据理论分析对长江经济带制造业集聚的创新效应进行实证检验。首先，综合专利价值与新授权专利数量构建城市创新指数，以表征区域创新水平。其次，在实证模型中引入制造业集聚水平的平方项，验证制造业集聚与区域创新两者之间存在的非线性关系，并且考量长江经济带区域创新水平的空间溢出效应。再次，基于中介效应模型检验制造业集聚是否可以通过劳动力流动影响区域创新。最后，基于门槛面板回归模型探究在不同禀赋结构下长江经济带制造业集聚对区域创新的门槛效应。相关研究结论可归纳为：

第一，长江经济带创新水平呈现为持续上升趋势。分区域来看，上中下游地区创新水平呈现出在高低交错中逐年提高趋势，且存在较为明显的空间分异现象。长江经济带下游地区创新水平最高，中游地区其次，上游地区最低。从创新水平提升速度来看，下游地区最快，中游地区其次，上游地区最慢，这表明上中下游地区创新水平差距正不断拉大。

第二，从长江经济带整体回归结果来看，区域创新具有显著的空间溢出效应，本地区创新水平提升也会促进周围其他地区创新水平提高。制造业集聚与区域创新存在显著的"U"形曲线关系，制造业集聚水平的提高对长江经济带区域创新呈现出先抑制、后促进的作用。因此，长期来看长江经济带制造业集聚有助于区域创新水平提升。

第三，分区域回归结果显示，上游和中游地区空间溢出效应不显著，下游地区创新水平存在显著的正向空间溢出效应。上游地区制造业集聚可以显著促进区域创新水平提升。中游和下游地区与长江经济带整体回归结果一致，制造业集聚和区域创新之间存在显著的"U"形曲线关系，制造业集聚水平的提升对城市创新水平会产生先抑制、后促进的影响。

第四，创新型城市的回归结果显示，无论是创新型城市抑或非创新型城市，区域创新都存在显著的正向空间溢出效应。创新型城市制造业集聚与区域创新之间表现为显著的促进作用。非创新型城市与长江经济带整体回归结果一致，制造业集聚对区域创新表现为先抑制、后促进的影响。

第五，机制检验结果表明，劳动力流动是制造业集聚与区域创新的中介变量。制造业的集聚有助于形成"劳动力蓄水池"，通过发挥知识溢出效应和促进劳动力技能提升等方式带动区域创新。门槛模型回归结果显示，长江经济带整体及上游、中游地区存在双门槛效应，下游地区存在单门槛效应。

第七章　长江经济带制造业集聚的环境效应研究

推动长江经济带高质量发展，要坚持生态优先、绿色发展，把修复长江生态环境摆在压倒性位置，走出一条绿色低碳循环发展的道路。那么，长江经济带制造业集聚发挥环境正外部性还是环境负外部性？区域创新在制造业集聚与环境质量两者之间扮演什么角色？本章选用2010~2019年长江经济带108个地级及以上城市面板数据，从空间视角考察长江经济带制造业集聚的环境效应，采用中介效应模型检验区域创新可能发挥的中介效应，选用门槛回归模型探究在不同区域创新水平下长江经济带制造业集聚对环境质量的门槛效应。

第一节　长江经济带制造业集聚环境效应的评估方法

一、计量模型确定

1. 基准模型

在验证制造业集聚水平与环境质量的关系时，引入集聚水平的平方项，以检验制造业集聚水平与环境质量之间是否存在"U"形曲线关系。将环境质量（Enq）作为被解释变量，Man 为解释变量制造业集聚水平，同时将制造业集聚的平方项（Man^2）引入模型，构建如下基准模型考察长江经济带制造业集聚对环境质量的影响：

$$Enq_{it} = \alpha_0 + \alpha_1 Man_{it} + \alpha_2 Man_{it}^2 + \beta X_{it} + \varepsilon_{it} \tag{7-1}$$

式（7-1）中，i 为城市；t 为年份；α_0、α_1、α_2、β 为待估计参数；X 为控制变量；ε 为随机扰动项。

2. 空间计量模型

当围绕制造业集聚和环境质量的关系等问题进行实证研究时，需要对被解释变量的空间溢出效应进行有效控制，选用空间计量模型可以克服设定误差、信息损失等弊端。空间计量模型分为三种类型，分别为空间滞后模型（SLM）、空间误差模型（SEM）和空间杜宾模型（SDM）。其中，空间滞后模型认为被解释变量的影响因素可以空间传导机制作用于其他空间区域，空间误差模型认为空间依赖性通过随机误差项来体现，不可观测的随机冲击存在空间相关性；而空间杜宾模型综合了 SLM 模型与 SEM 模型的特点，引入了被解释变量与解释变量的空间滞后项。根据理论分析，引入制造业集聚水平的平方项，遵照 OLS－［SLM 和 SEM］－SDM 这一路径对模型进行检验和设定，建立空间计量模型。式（7-1）为基准的 OLS 模型，若仅存在内生空间交互效应，则采用面板空间滞后模型（SLM）：

$$Enq_{it} = \alpha_0 + \delta W Enq_{it} + \alpha_1 Man_{it} + \alpha_2 Man_{it}^2 + \beta X_{it} + \varepsilon_{it} \tag{7-2}$$

若仅存在误差项空间交互效应，空间交互项系数（θ_i）、因变量空间滞后项系数（δ）以及回归系数（α_i）之间满足 $\theta_i = -\delta\alpha_i$ 时，则采用面板空间误差模型（SEM）：

$$\mu_{it} = \lambda W \mu_{it} + \lambda_{it} \tag{7-3}$$

若内生空间交互效应、误差项空间交互效应均存在，则采用面板空间杜宾模型（SDM）：

$$Enq_{it} = \alpha_0 + \delta WEnq_{it} + \alpha_1 Man_{it} + \alpha_2 Man_{it}^2 + \alpha_1 X_{it} + \theta_1 WMan_{it} + \theta_2 WMan_{it}^2 + \theta_3 WX_{it} + \varepsilon_{it}$$

$$(7\text{-}4)$$

上述式（7-2）、式（7-3）、式（7-4）中，Enq 为被解释变量环境质量；Man 为解释变量的制造业集聚水平；Man^2 为解释变量的平方项；W 为空间权重矩阵，X 为一系列控制变量；α、β 为相应变量的回归系数；μ_{it} 和 ε_{it} 为服从独立同分布的扰动项。

3. 中介效应模型

根据前文理论分析，制造业集聚水平可能通过区域创新影响环境质量，故而，建立下述中介效应模型，围绕区域创新在制造业集聚与环境质量之间是否能够充当中介变量的角色而展开识别检验：

$$Inn_{it} = \varphi_0 + \varphi_1 Man_{it} + \varphi_2 Man_{it}^2 + \varphi_3 Y_{it} + \varepsilon_{it}$$

$$(7\text{-}5)$$

$$Enq_{it} = \rho_0 + \rho_1 Man_{it} + \rho_2 Man_{it}^2 + \rho_3 Y_{it} + \rho_4 Inn_{it} + \varepsilon_{it}$$

$$(7\text{-}6)$$

式（7-5）、式（7-6）中，Y 为控制变量组成的向量集；Inn 为可能的中介变量区域创新；Man 和 Enq 分别为制造业集聚水平和环境质量。基于中介效应模型所遵循的基本原理（Baron & Kenny，1986），若 φ_1 和 φ_2 都显著，与此同时，ρ_1、ρ_2 相对式（7-1）中的 α_1、α_2 较小或显著性水平下降，则该变量是中介变量。

4. 门槛模型

基于理论分析，构建门槛回归模型验证在不同区域创新水平下，制造业集聚对环境质量是否会产生不同影响。首先设定传统的单一门槛回归模型：

$$Enq_{it} = \alpha X_{it} + \beta_1 Man_{it} \times I(Inn_{it} \leq \delta) + \beta_2 Man_{it} \times I(Inn_{it} > \delta) + C + \varepsilon_{it}$$

$$(7\text{-}7)$$

式（7-7）中，Enq_{it} 为第 i 个地区第 t 年的环境质量，X 为控制变量，Man 为核心解释变量长江经济带的制造业集聚水平，Inn 为门槛变量区域创新，δ 为固定的门槛值，α 为 Man_{it} 对被解释变量的影响系数，β_1 和 β_2 分别为在 $Inn \leq \delta$ 与 $Inn > \delta$ 的情况下，被解释变量所对应的影响系数，ε_{it} 为随机扰动项，而 I 则代表指示性函数，I 的取值取决于括号内条件是否成立，对应条件成立时取值为 1，否则取值为 0。

式（7-7）假设仅存在一个门槛，为让研究更加全面准确，设定双重门槛模型及三重门槛模型。同理，双重门槛检验和三重门槛检验的公式如式（7-8）、式（7-9）所示，三重门槛以上的多重门槛不再赘述。

$$Enq_{it}=\alpha X_{it}+\beta_1 Man_{it}\times I(Inn_{it}\leqslant\delta_1)+\beta_2 Man_{it}\times I(\delta_1<Inn_{it}\leqslant\delta_2)+\beta_3 Man_{it}\times I(Inn_{it}>\delta_2)+C+\varepsilon_{it} \tag{7-8}$$

$$Enq_{it}=\alpha X_{it}+\beta_1 Man_{it}\times I(Inn_{it}\leqslant\delta_1)+\beta_2 Man_{it}\times I(\delta_1<Inn_{it}\leqslant\delta_2)+\beta_3 Man_{it}\times I(\delta_2<Inn_{it}\leqslant\delta_3)+\beta_4 Man_{it}\times I(Inn_{it}>\delta_3)+C+\varepsilon_{it} \tag{7-9}$$

二、研究变量选取

1. 被解释变量

环境质量（Enq）。从环境污染和环境治理两个角度对环境质量加以衡量，建立长江经济带环境质量评价指标体系（见表 7-1）。环境污染是衡量环境质量的重要维度，也是生态环境破坏的客观表征。一些文献通常采用单一维度指标来衡量环境污染，缺乏足够的说服力。本章综合采用反映环境污染的各项指标：工业废水排放量、工业烟（粉）尘排放量、工业二氧化硫排放量、工业二氧化碳排放量、工业固体废物排放量、年均 PM2.5 浓度。环境治理是指治理主体为改善环境所采取的行动，反映为改善生态环境而采取行动的效果，包括工业固体废弃物综合利用率、生活污水处理率、绿色生产效率。其中，绿色生产效率基于非径向距离函数 DEA 模型测算得出（史丹、叶云岭，2023）。接下来，将环境污染视为负向指标，环境治理视为正向指标，采用熵值赋权法将各指标进行求和得到环境质量指数（Enq）以用于表征环境质量（胡求光、周宇飞，2020）。

表 7-1 长江经济带环境质量评价指标体系

总目标层	一级指标	二级指标	指标正/负向
环境质量	环境污染	工业废水排放量（万吨）	负向
		工业烟（粉）尘排放量（万吨）	负向
		工业二氧化硫排放量（万吨）	负向
		工业二氧化碳排放量（万吨）	负向
		工业固体废物排放量（万吨）	负向
		年均 PM2.5 浓度（微克/立方米）	负向
	环境治理	工业固体废弃物综合利用率（%）	正向
		生活污水处理率（%）	正向
		绿色生产效率	正向

资料来源：根据相关资料整理。

2. 核心解释变量

制造业集聚水平（Man）。长江经济带 108 个地级及以上城市制造业集聚水平由区位商方法测算所得。

3. 中介变量/门槛变量

区域创新（Inn）。本章以创新指数表征区域创新水平，由第六章测算所得。

4. 控制变量

①城市规模（Urb）。城市规模在一定程度上决定消费规模和需求规模。参考学术界研究成果，本章选用城市市辖区常住人口数（万人）来表征城市规模。

②对外开放度（Ope）。外商直接投资是城市对外开放度最直接的体现，采用外商直接投资存量（亿美元）与进出口总额（亿美元）的加权值来表示对外开放水平。具体地，外商直接投资存量根据永续盘存法进行测算，将年折旧率设置为 5%（韩峰、李玉双，2019）。

③交通便利度（Tra）。运输成本是企业选址的重要因素之一，同时交通污染排放是环境治理中不容忽视的问题。采用人均道路面积（平方米）与公共交通密度（公共交通客运总量/人口，人次）的加权值来衡量城市交通便利度。

④金融发展规模（Fin）。制造业供应链金融业务是金融服务实体经济的重要

抓手，同时绿色金融对环境治理也发挥积极作用。基于数据可得性，选用年末金融机构贷款余额（万元）占 GDP 的比例（%）作为城市金融发展规模的代理变量。该比值越大，表明金融发展规模越大。

⑤人口集聚度（*Pop*）。人口过度集聚容易造成交通拥挤、资源消耗、环境污染等不利于环境质量的问题。参考程开明和洪真奕（2022），采用夜间灯光与人口分布数据来表征人口集聚度，其中夜间灯光数据来源于 NOAA 网站（https：//ngdc. noaa. gov/eog/index. html），人口分布数据来源于 Landscan 全球人口数据库（刘修岩等，2016）。

⑥能源利用效率（*Eef*）。一般而言能源利用效率越高，单位能耗越少，环境污染相应较少。采用单位 GDP 所耗费的电量（千瓦时）来测度能源利用效率（胡求光、周宇飞，2020）。

⑦互联网规模（*Int*）。互联网规模可以反映一个城市信息化便利程度及居民互联网基础设施使用能力，利用互联网可以动态监测资源环境承载能力，实现生态环境数据互联互通。选用城市互联网宽带接入用户数（万户）作为互联网规模的度量指标。

综上，本章选取城市规模（*Urb*）、对外开放度（*Ope*）、交通便利度（*Tra*）、金融发展规模（*Fin*）、人口集聚度（*Pop*）、能源利用效率（*Eef*）、互联网规模（*Int*）作为控制变量。

5. 空间权重矩阵

鉴于制造业集聚与环境质量可能存在一定的空间相关性，忽略空间因素可能会导致检验结果产生偏误。空间计量经济学在截面数据模型或者面板数据模型基础上，融入空间权重矩阵，明晰截面个体之间的距离关系。由于环境污染不仅来自本地区，邻近地区环境污染对本地区生态环境同样会造成危害；同样地，环境治理不仅局限于本地区，而且会通过环境协同治理产生空间关联效应，因此，环境质量存在空间溢出效应，地理权重矩阵是研究选取的核心矩阵之一。与此同时，地区经济发展水平与地区环境存在复杂的综合关系。因此，要综合考虑经济距离权重矩阵（郭凌军等，2022）。W 是经济地理嵌套权重矩阵，综合考虑了地理距离和经济距离的空间效应。$W=\omega W_1+（1-\omega）W_2$，其中，$\omega$ 代表地理距离空间权重矩阵的权重，将其设定为 0.5，W_1 是基于城市间的地理距离得到地理距离空间权重矩阵，W_2 是采用城市人均 GDP 绝对差值的倒数而构建的经济距离矩阵。

三、数据来源

本章核心解释变量、控制变量等数据来源于历年《中国统计年鉴》《中国工业经济统计年鉴》《中国工业统计年鉴》《中国城市统计年鉴》《政府工作报告》等。年均 PM2.5 浓度数据来自哥伦比亚大学社会经济数据和应用中心发布的基于卫星监测的全球 PM2.5 浓度平均值的栅格数据，控制变量中人口集聚度数据来源于 NOAA 网站、Landscan 全球人口动态统计分析数据库。采用 2010～2019 年长江经济带 108 个地级及以上城市的面板数据进行实证分析。被解释变量、解释变量、控制变量均作对数处理，以消除可能出现的异方差影响。所涉及的变量描述和数据来源如表 7-2 所示。需要说明的是，从 2011 年起，工业烟尘和工业粉尘统称为工业烟（粉）尘，为保持统计口径一致，将 2010 年的工业烟尘和工业粉尘排放量加总得出工业烟（粉）尘排放量指标。

表 7-2　长江经济带制造业集聚环境效应的变量选取与数据来源

变量类型	指标选择	符号	指标描述	数据来源
被解释变量	环境质量	Enq	环境污染、环境治理相关数据加权所得的环境质量指数	EPS 数据库《中国统计年鉴》《中国工业经济统计年鉴》《中国工业统计年鉴》《中国城市统计年鉴》《政府工作报告》Landscan 全球人口数据 PM2.5 浓度栅格数据
核心解释变量	制造业集聚水平	Man	通过区位商方法计算得出	
中介变量/门槛变量	区域创新	Inn	基于专利数据测算得出的城市创新指数	
控制变量	城市规模	Urb	市辖区常住人口数	
	对外开放度	Ope	外商直接投资存量与进出口总额的加权值	

续表

变量类型	指标选择	符号	指标描述	数据来源
控制变量	交通便利度	*Tra*	人均道路面积与公共交通密度的加权值	EPS 数据库《中国统计年鉴》《中国工业经济统计年鉴》《中国工业统计年鉴》《中国城市统计年鉴》《政府工作报告》Landscan 全球人口数据 PM2.5 浓度栅格数据
	金融发展规模	*Fin*	年末金融机构贷款余额占GDP 的比例	
	人口集聚度	*Pop*	基于夜间灯光与人口分布数据测算得出	
	能源利用效率	*Eef*	单位 GDP 耗电量	
	互联网规模	*Int*	互联网宽带接入用户数	

资料来源：根据相关资料整理。

四、特征事实分析

采用环境质量评价指标体系测算 2010~2019 年长江经济带 108 个地级及以上城市环境质量指数（见表 7-3）。长江经济带环境质量指数由 2010 年的 0.753 上升至 2019 年的 0.892，上游地区环境质量指数由 2010 年的 0.682 上升至 2019 年的 0.858，中游地区环境质量指数由 2010 年的 0.776 上升至 2019 年的 0.904，下游地区环境质量指数由 2010 年的 0.808 上升至 2019 年的 0.918。可见，2010~2019 年，长江经济带及上中下游地区环境质量指数均呈现为持续上升趋势，表明在长江经济带"生态优先、绿色发展"的理念下，各城市的环境污染得到有效遏制，环境质量都得到了明显改善。其中，下游地区城市的环境质量指数最高，其次是中游地区，上游地区最低。从增速来看，上游地区环境质量指数上升速度最快，其次是中游地区，下游地区最慢，这表明上中下游地区环境质量差异正在逐渐收敛。究其原因，下游地区绿色技术创新水平较高，拥有较为成熟的脱硫、脱硝、除尘超低排放等绿色技术，能够有效控制制造业污染排放，具有强劲的绿色发展动能，生态治理效率相对较高，环境质量持续维持在较高水平。中游地区不断加强生态环境治理，坚决遏制高耗能、高排放、低水平项目盲目发展，淘汰了一大批高污染高排放企业，并不断加大绿色技术创新投入。例如，湖北近五年来累计"关改搬转"化工企业400余家，沿江一公里范围之内所有化工企业有序腾退，化工产业向精细化、绿色化方向转变。上游地区矿产资源丰富，拥有钒、钛、磷等矿产，金属加工业和化工企业曾经无序发展，超标排放时有发生，且拥有一批国家重点生态功能区，生态系统相对脆弱。自实施主体功能区战略以来，上游地区严格落实"三线一单"制度，统筹生产、生活、生态三大空间，投入大量资金和设备，着力加强生态系统保护修复，提升钒钛等资源综合利用率与精深加工率，加强磷石膏综合治理，不断提升产业绿色化发展水平，因此环境质量改善速度较快。

表7-3　2010~2019年长江经济带11省份环境质量指数

地区	2010年	2011年	2012年	2013年	2014年	2015年	2016年	2017年	2018年	2019年	均值
上海	0.785	0.807	0.817	0.782	0.864	0.822	0.819	0.859	0.873	0.884	0.831
江苏	0.832	0.887	0.892	0.832	0.892	0.809	0.846	0.915	0.922	0.932	0.875
浙江	0.830	0.834	0.868	0.845	0.869	0.914	0.916	0.921	0.936	0.944	0.887
安徽	0.784	0.774	0.779	0.791	0.833	0.842	0.896	0.884	0.906	0.913	0.840
江西	0.751	0.760	0.766	0.757	0.813	0.839	0.896	0.836	0.873	0.898	0.818
湖北	0.804	0.860	0.868	0.861	0.825	0.874	0.909	0.905	0.906	0.912	0.872
湖南	0.772	0.762	0.770	0.758	0.820	0.819	0.828	0.838	0.877	0.903	0.814
重庆	0.685	0.661	0.706	0.747	0.758	0.761	0.768	0.765	0.782	0.791	0.742
四川	0.712	0.762	0.773	0.722	0.789	0.816	0.832	0.835	0.861	0.895	0.799
贵州	0.652	0.704	0.689	0.717	0.743	0.767	0.830	0.849	0.860	0.848	0.765
云南	0.681	0.689	0.719	0.701	0.727	0.746	0.797	0.813	0.829	0.895	0.759
下游地区	0.808	0.826	0.839	0.812	0.865	0.847	0.869	0.894	0.909	0.918	0.858
中游地区	0.776	0.794	0.801	0.792	0.820	0.844	0.877	0.860	0.885	0.904	0.835
上游地区	0.682	0.704	0.722	0.722	0.754	0.773	0.806	0.816	0.833	0.858	0.767
长江经济带	0.753	0.773	0.786	0.774	0.812	0.819	0.849	0.856	0.875	0.892	0.819

资料来源：根据测算结果整理。

从长江经济带沿线11省份环境质量指数均值来看，浙江、江苏、湖北环境质量最高，位列长江经济带沿线省份的前三位，而云南、贵州、四川环境质量改善速度最快。从城市来看，上海、南京、昆明、重庆、杭州环境质量最高，随州、巴中、常德、张家界、资阳环境质量指数增速最快。

第二节　长江经济带制造业集聚对环境质量的影响分析

一、长江经济带制造业集聚对环境质量的影响

为检验制造业集聚对长江经济带城市环境质量的空间溢出效应，借鉴 Lesage 和 Pace（2009）的研究方法，将总效应分为直接效应和间接效应，其中，直接效应表示制造业集聚对本地区环境质量的影响，间接效应表示制造业集聚对邻近地区环境质量的影响，回归结果如表7-4所示。

表7-4　空间杜宾模型回归结果

变量	直接效应	间接效应	总效应
Man	−0.035 （0.028）	−2.556 ** （1.033）	−2.591 ** （1.042）
Man^2	0.033 * （0.019）	3.727 *** （1.218）	3.760 *** （1.230）
Urb	0.057 （0.044）	0.396 （2.792）	0.453 （2.815）
Ope	0.014 （0.009）	1.874 ** （0.755）	1.889 ** （0.762）
Tra	−0.085 （0.129）	1.017 （2.681）	0.932 （2.711）

续表

变量	直接效应	间接效应	总效应
Fin	0.006 (0.005)	0.225*** (0.053)	0.232*** (0.054)
Pop	0.076 (0.118)	13.422** (6.768)	13.499** (6.845)
Eef	−0.021 (0.017)	0.695*** (0.159)	0.674*** (0.161)
Int	−0.033*** (0.009)	−0.384 (0.265)	−0.417 (0.268)
Rho	0.596*** (0.084)	0.596*** (0.084)	0.596*** (0.084)
R^2	0.357	0.357	0.357
Obs	1080	1080	1080

注：***、**、*分别表示1%、5%和10%的显著性水平，括号内数字为标准误。
资料来源：根据测算结果整理。

空间自回归系数在1%的水平上显著为正，表明环境质量存在正向空间溢出效应，这是由于在温差等天气因素影响下所出现的大气环流、河水流动，以及在城市间环境协同治理、产业转移、商品贸易等经济活动趋势下，本地区的生态环境质量与相近地区的环境质量密切相关。因此，假说3-1得到验证。回归结果均显示核心解释变量制造业集聚水平（*Man*）的系数显著为负，制造业集聚水平的平方项（Man^2）显著为正，表明制造业集聚与环境质量之间存在显著的"U"形关系，在制造业集聚初期，发展方式较为粗放，对生态环境造成一定破坏，但随着制造业集聚水平的提高，制造业逐步向集约化、高级化、绿色化方向发展，对环境质量表现为积极作用。基于此，假说3-2得到验证。

从控制变量来看，对外开放度（*Ope*）对长江经济带城市环境质量具有显著的正向影响。这表明随着国际合作的不断深入，在环境治理、节能减排方面的技术和经验得到共享，提升了经济发展的"含绿量"。金融发展规模（*Fin*）对长江经济带城市环境质量具有显著的正向影响。这是由于金融发展水平的提升加大了对绿色融资主体贷款授信力度，通过金融工具引导社会资金参与环境治理。人口集聚度（*Pop*）对长江经济带城市环境质量具有显著的促进作用。可能的原因是人口集聚度越高的地区，居民对环境质量的诉求更加强烈，环境基础设施供给质量和运行效率随之提升。能源利用效率（*Eef*）对长江经济带城市环境质量具有显著的正向影响。这是由于提高能源利用效率能够相对减少污染物排放和温室气体排放，进而改善环境质量。

二、稳健性检验

以替换模型、替换解释变量等方法对制造业集聚与区域创新的关系进行重新估计。替换模型部分，由于环境质量具有空间溢出效应，制造业集聚也存在明显的空间关联现象。因此，将模型替换为同样考虑空间权重矩阵的 SEM 模型、SLM 模型、动态空间杜宾模型。替换解释变量部分，制造业集聚不仅包括专业化集聚，也包括多样化集聚，因此采用制造业多样化集聚水平来替代专业化集聚水平，长江经济带制造业多样化集聚水平由赫芬达尔—赫希曼指数测算得到。表 7-5 中列（1）是 SEM 模型估计结果，列（2）是 SLM 模型估计结果，列（3）是动态空间杜宾模型估计结果，列（4）是将解释变量替换为制造业多样化集聚后的空间杜宾模型估计结果。

表 7-5　稳健性检验回归结果

变量	（1）	（2）	（3）	（4）
Man	−0.034 ** (0.017)	−0.023 * (0.013)	−2.792 ** (1.397)	−0.611 ** (0.311)
Man^2	0.048 *** (0.015)	0.032 ** (0.015)	3.719 ** (1.649)	0.133 ** (0.066)
Urb	−0.024 *** (0.007)	−0.020 *** (0.007)	1.878 (3.990)	2.064 (2.311)
Ope	−0.007 *** (0.002)	−0.003 (0.002)	2.759 ** (1.138)	1.249 ** (0.541)

续表

变量	（1）	（2）	（3）	（4）
Tra	0.051	0.059	0.763	2.085
	(0.051)	(0.038)	(2.793)	(2.278)
Fin	−0.003	0.001	0.242*	0.097**
	(0.008)	(0.006)	(0.128)	(0.038)
Pop	0.016**	0.015**	8.547	4.261
	(0.006)	(0.006)	(8.573)	(4.399)
Eef	0.057***	0.041***	0.479	−0.338
	(0.008)	(0.013)	(0.995)	(0.300)
Int	−0.053***	−0.041***	−0.464	−0.322
	(0.007)	(0.012)	(0.312)	(0.213)
Rho	1.055***	0.529*	0.703***	0.538***
	(0.269)	(0.305)	(0.067)	(0.101)
R^2	0.611	0.612	0.416	0.413
Obs	1080	1080	1080	1080

注：***、**、*分别表示1%、5%和10%的显著性水平，括号内数字为标准误。
资料来源：根据测算结果整理。

稳健性检验结果表明，无论是替换模型还是替换解释变量，空间自相关系数都显著为正，本地区环境质量改善也会带动邻近地区环境优化，制造业集聚与环境质量之间呈现为先抑制、后促进的"U"形曲线关系，表明前文空间杜宾模型回归结果具有较强的稳健性。

三、分区域回归结果

把长江经济带划分为上中下游地区三大区域，检验制造业集聚的环境效应区域差异。上海、江苏、浙江、安徽位于长江经济带下游地区，江西、湖北、湖南处于长江经济带中游地区，重庆、四川、贵州、云南位于长江经济带上游地区。表7-6报告了长江经济带上中下游地区制造业集聚影响环境质量的空间杜宾模型（SDM）估计结果。

表 7-6　上中下游地区回归结果

变量	上游地区	中游地区	下游地区
	(1)	(2)	(3)
Man	0.356*	-1.281*	1.287**
	(0.210)	(0.731)	(0.571)
Man^2	-0.039	1.217*	1.290
	(0.036)	(0.627)	(1.280)
Urb	-2.883**	-0.855	1.225***
	(1.454)	(2.070)	(0.329)
Ope	0.326**	-0.137	0.042
	(0.152)	(0.137)	(0.063)
Tra	0.190	-1.045	-2.624
	(1.194)	(2.645)	(2.143)
Fin	0.061**	0.046	0.155***
	(0.031)	(0.074)	(0.060)
Pop	2.126**	0.956	1.812***
	(1.110)	(2.394)	(0.469)
Eef	0.086	0.791*	0.409**
	(0.228)	(0.443)	(0.191)
Int	0.126	-0.288	0.100
	(0.120)	(0.214)	(0.088)
Rho	0.008	0.583	1.366***
	(0.227)	(0.407)	(0.343)
R^2	0.443	0.571	0.575
Obs	310	360	410

注：***、**、*分别表示1%、5%和10%的显著性水平，括号内数字为标准误。
资料来源：根据测算结果整理。

根据表7-6可知，上游和中游地区空间溢出效应不显著，下游地区空间自回归系数在1%的水平上显著为正，表明下游地区城市环境质量存在显著的正向空间溢出效应，即环境质量较高地区的邻近地区环境质量也相对较高。可能的原因是下游地区随着长三角高质量一体化深入推进，经济循环更为畅通，环境联防联控和协同治理机制更加完善。上游和下游地区核心解释变量制造业集聚水平（Man）的系数显著为正，制造业集聚水平的平方项（Man^2）的系数不显著，表明制造业集聚可以改善环境质量，这是由于上游地区是重要的生态屏障和水源涵养地，生态保护红线面积占比较高，环境保护资金缺口较大。承接符合绿色低碳发展方向的制造业有序转移、引导制造业合理集聚可以提高地区经济效益，从而加大生态环境保护资金投入，完善环境基础设施建设，鼓励企业开展绿色技术创新，进而对环境质量产生积极影响。下游地区制造业绿色技术创新水平较高，绿色标准体系较为完善，创建了一批绿色工厂、绿色供应链、绿色产品，形成制造业集聚与生态环境保护协同发展的有利局面。中游地区核心解释变量制造业集聚水平（Man）的系数显著为负，制造业集聚水平的平方项（Man^2）的系数显著为正，表明中游地区城市制造业集聚水平与环境质量之间呈现为"U"形曲线关系，即制造业集聚对环境质量表现为先破坏、后改善的作用，究其原因，磷化工、有色金属加工等产业仍是中游地区部分城市的重要支柱产业，一些城市曾经长期采取粗放型经济发展模式而忽视生态环境保护。严格的环境规制倒逼这些产业不断向绿色化、高端化、精细化转型，推广应用清洁生产新技术、新工艺、新装备，从而对环境质量发挥积极作用。

四、基于低碳试点城市的检验

2010 年 7 月 9 日，国家发展改革委发布《关于开展低碳省区和低碳城市试点工作的通知》，旨在探索以低碳转型为重点、试点示范为引领、制度创新为支撑的低碳发展模式，探寻不同类型地区控制温室气体排放、实现绿色低碳发展的可行路径。截至 2019 年底，本书所涉及的长江经济带 108 个地级及以上城市中，有 50 个城市位于低碳省区和低碳城市之列，58 个城市为非低碳试点城市。低碳试点城市一般具有产业结构绿色、生产过程清洁、能源资源利用高效的特征。因此，需进一步检验低碳试点城市与非低碳试点城市制造业集聚对环境质量的异质性影响。低碳试点城市的空间杜宾模型检验如表 7-7 所示，非低碳试点城市的空间杜宾模型检验如表 7-8 所示。

表 7-7 低碳试点城市空间杜宾模型回归结果

变量	直接效应	间接效应	总效应
Man	0.111*	2.390*	2.502*
	(0.062)	(1.444)	(1.475)
Man²	−0.014	2.707	2.692
	(0.090)	(1.673)	(1.710)
Urb	−0.004	0.977	0.973
	(0.034)	(1.088)	(1.106)
Ope	−0.017*	0.040	0.022
	(0.010)	(0.261)	(0.266)
Tra	0.099	1.441	1.541
	(0.164)	(1.964)	(2.013)
Fin	0.012	0.254***	0.267***
	(0.012)	(0.079)	(0.081)
Pop	0.009	−1.107	−1.098
	(0.037)	(1.213)	(1.229)
Eef	0.058**	0.615***	0.673***
	(0.028)	(0.139)	(0.141)
Int	−0.059***	−0.374*	−0.434**
	(0.017)	(0.198)	(0.203)
Rho	0.297**	0.297**	0.297**
	(0.138)	(0.138)	(0.138)
R²	0.395	0.395	0.395
Obs	500	500	500

注：***、**、*分别表示1%、5%和10%的显著性水平，括号内数字为标准误。
资料来源：根据测算结果整理。

表 7-8 非低碳试点城市空间杜宾模型回归结果

变量	直接效应	间接效应	总效应
Man	−0.042*	−0.950*	−0.992*
	(0.022)	(0.566)	(0.578)
Man²	0.027**	0.646*	0.673*
	(0.012)	(0.399)	(0.408)

续表

变量	直接效应	间接效应	总效应
Urb	0.018 (0.024)	2.605* (1.455)	2.624* (1.479)
Ope	−0.005 (0.003)	−0.088 (0.112)	−0.093 (0.115)
Tra	0.027 (0.098)	1.661 (2.966)	1.689 (3.029)
Fin	0.001 (0.004)	0.109*** (0.034)	0.120*** (0.035)
Pop	−0.003 (0.015)	−0.322 (0.576)	−0.325 (0.587)
Eef	0.019** (0.009)	0.264* (0.141)	0.283** (0.142)
Int	−0.013* (0.007)	−0.388** (0.161)	−0.402** (0.163)
Rho	0.691*** (0.068)	0.691*** (0.068)	0.691*** (0.068)
R^2	0.358	0.358	0.358
Obs	580	580	580

注：***、**、*分别表示1%、5%和10%的显著性水平，括号内数字为标准误。

资料来源：根据测算结果整理。

根据表7-7可知，低碳试点城市环境质量的空间相关性系数显著为正，表明低碳试点城市的环境质量存在显著的正向空间溢出效应，即本地区环境质量改善对邻近地区具有促进作用。制造业集聚水平（Man）回归系数显著为正，制造业集聚水平的平方项（Man^2）系数不显著。表明对于低碳试点城市而言，制造业集聚有助于城市环境质量改善。

根据表7-8可知，非低碳试点城市环境质量的空间相关性系数显著为正，表明非低碳试点城市的环境质量存在显著的正向空间溢出效应，即本地区环境质量与邻近地区环境质量具有显著的正相关关系。制造业集聚水平（Man）回归系数显著为负，制造业集聚水平的平方项（Man^2）系数显著为正。表明对于非低碳试点城市而言，制造业集聚水平与环境质量之间呈现为"U"形曲线关系，制造业集聚初期对环境质量表现为抑制作用，到达拐点后制造业集聚对环境质量表现为改善作用。

第三节　长江经济带制造业集聚、区域创新与环境质量的关系分析

一、区域创新的中介效应

引入区域创新（Inn）作为中介变量，检验制造业集聚能否通过区域创新影响环境质量。表7-9中列（1）是模型（7-1）的回归结果，列（2）是模型（7-5）的回归结果，列（3）是模型（7-6）的回归结果。

表7-9　中介效应回归结果

变量	（1）	（2）	（3）
	式（7-1）	式（7-5）	式（7-6）
Inn	—	—	0.006** (0.003)
Man	-0.009** (0.004)	-0.503** (0.212)	-0.007* (0.004)
Man^2	0.019* (0.011)	0.194* (0.102)	0.012* (0.007)
Urb	-0.036*** (0.012)	0.163*** (0.022)	-0.025* (0.013)
Ope	-0.008** (0.003)	3.908*** (0.291)	-0.005* (0.003)

续表

变量	(1) 式 (7-1)	(2) 式 (7-5)	(3) 式 (7-6)
Tra	0.074 (0.090)	0.180** (0.074)	0.018 (0.076)
Fin	0.014** (0.006)	-0.092** (0.041)	-0.001 (0.008)
Pop	0.011 (0.013)	0.226*** (0.044)	0.017 (0.016)
Eef	0.069*** (0.012)	0.113*** (0.025)	0.022** (0.011)
Int	-0.030*** (0.006)	-5.918*** (1.149)	-0.037* (0.020)
R^2	0.355	0.446	0.379
Obs	1080	1080	1080

注：***、**、*分别表示1%、5%和10%的显著性水平，括号内数字为标准误。
资料来源：根据测算结果整理。

表7-9报告了中介效应估计结果，可以发现，列（3）中制造业集聚水平（*Man*）系数、制造业集聚水平的平方项（Man^2）系数的绝对值相比列（1）相应系数的绝对值有所减小，且显著性程度有所下降。因此可以判定区域创新是制造业集聚影响环境质量的中介变量，即制造业集聚可以提升区域创新水平，进而对环境质量产生影响。区域创新对环境质量表现出显著的促进作用，表明区域创新水平提升有助于长江经济带沿线城市生态环境质量的改善。究其原因，随着制造业集聚水平提高，企业竞争、知识技术溢出、创新资源共享等效应逐渐显现，引致区域创新水平得到提升，进而实现以绿色技术创新推进绿色发展。因此，假说3-3成立。

二、区域创新的门槛效应

根据式（7-7）至式（7-9），利用Stata17软件得到检验结果，对模型进行

Hausman 显著性检验，结果显示拒绝原假设，因此选择固定效应模型分析，选用 Bootstrap 法进行抽样，累计抽样次数达 300 次，所得结果如表 7-10 至表 7-12 所示。

表 7-10　门槛效应检验结果

区域	长江经济带	上游地区	中游地区	下游地区
单门槛检验	4.236*** (0.001)	1.781 (0.300)	8.148** (0.043)	7.792*** (0.000)
双门槛检验	5.626*** (0.007)	28.235** (0.037)	1.059 (0.480)	3.109* (0.053)
三门槛检验	11.023 (0.109)	0.000 (0.360)	-0.000 (0.540)	0.000 (0.810)

注：***、**、*分别代表1%、5%、10%的显著性水平，数值为F统计量，括号内数字为P统计量。

资料来源：根据测算结果整理。

表 7-11　门槛值估计结果

区域	门槛估计值1	95%置信区间	门槛估计值2	95%置信区间
长江经济带	3.991	[3.942, 5.022]	4.546	[4.118, 4.546]
上游地区	1.852	[0.290, 3.584]	4.032	[3.991, 4.032]
中游地区	2.309	[2.300, 2.507]	—	—
下游地区	1.029	[-0.998, 5.578]	4.485	[4.373, 4.579]

资料来源：根据测算结果整理。

表 7-12　门槛模型参数估计结果

变量	长江经济带	上游地区	中游地区	下游地区
Urb	-0.046*** (0.011)	-0.057 (0.039)	-0.024 (0.052)	-0.035* (0.019)
Ope	-0.008** (0.004)	0.004 (0.008)	-0.019 (0.013)	-0.052*** (0.009)
Tra	0.084 (0.139)	-0.461** (0.209)	-0.216 (0.239)	-0.203 (0.247)

续表

变量	长江经济带	上游地区	中游地区	下游地区
Fin	0.008 (0.006)	0.027 (0.018)	0.020 *** (0.007)	0.010 (0.010)
Pop	0.036 *** (0.010)	0.032 (0.032)	-0.414 ** (0.188)	0.058 *** (0.020)
Eef	0.044 *** (0.012)	0.071 ** (0.032)	0.125 *** (0.029)	0.062 *** (0.020)
Int	-0.030 *** (0.007)	-0.034 ** (0.016)	0.002 (0.011)	-0.025 * (0.013)
$Man \times I$ $(Inn<\delta_1)$	-0.005 (0.067)	-0.035 (0.032)	0.007 (0.032)	-0.079 (0.057)
$Man \times I$ $(\delta_1<Inn<\delta_2)$	0.021 (0.017)	0.347 ** (0.147)	0.402 *** (0.155)	0.019 (0.046)
$Man \times I$ $(Inn>\delta_3)$	0.323 *** (0.091)	0.870 *** (0.200)	—	0.412 *** (0.101)
R^2	0.629	0.678	0.592	0.603
Obs	1080	310	360	410

注：以上数据为门槛检验得到的 F 统计量，***、**、* 分别代表 1%、5%、10% 的显著性水平，括号内数字为标准误。

资料来源：根据测算结果整理。

门槛效应检验结果如表 7-10 所示，长江经济带在 1% 显著性水平下通过单门槛检验和双门槛检验，上游地区在 5% 显著性水平下通过双门槛检验，中游地区在 5% 显著性水平下通过单门槛检验，下游地区分别在 1%、10% 显著性水平下通过单门槛检验和双门槛检验。

从长江经济带整体来看，制造业集聚对环境质量有显著的双门槛特征。当区域创新水平低于 3.991 时，城市制造业集聚水平对环境质量的影响不显著为负；当区域创新水平介于第一门槛值与第二门槛值之间时，制造业集聚对环境质量的影响不显著为正。当区域创新水平跨越第二个门槛值 4.546 后，制造业集聚对环境质量的影响显著为正，制造业集聚可以有效改善环境质量。

从长江经济带上中下游地区来看，在上游地区，制造业集聚对环境质量有显著的双门槛特征。当区域创新水平低于 1.852 时，制造业集聚对环境质量的影响不显著为负；当区域创新水平介于 1.852~4.032 时，制造业集聚对环境质量的影响显著为正；当区域创新水平高于 4.032 时，制造业集聚对环境质量的影响显著为正，且影响系数和显著性水平有所上升。在中游地区，当区域创新水平低于 2.309 时，制造业集聚对环境质量表现为不显著的正向作用；当区域创新水平高于 2.309 时，制造业集聚可以显著促进环境质量改善。在下游地区，当区域创新水平低于 1.029 时，制造业集聚对环境质量的影响不显著为负；当区域创新水平介于 1.029~4.485 时，制造业集聚对环境质量逐渐转变为正向影响，但这种作用效果不显著；当区域创新水平高于 4.485 时，制造业集聚对环境质量表现为显著的促进作用。综上所述，假说 3-4 得到证实。

第四节　本章小结

本章根据理论分析对长江经济带制造业集聚的环境效应进行实证检验。首先，从环境污染与环境治理两个方面，综合考量工业废水排放量、工业烟（粉）尘排放量、工业二氧化硫排放量、工业固体废弃物综合利用率、生活污水处理率、绿色生产效率等多项指标，构建长江经济带环境质量指标体系，采用熵值赋权法测算 2010~2019 年长江经济带 108 个地级及以上城市环境质量指数。其次，运用空间杜宾模型，并引入制造业集聚水平的平方项，验证长江经济带制造业集聚与环境质量的非线性关系，考察环境质量的空间溢出效应。再次，基于中介效应模型，探讨制造业集聚、区域创新、环境质量三者之间的关系。最后，基于门槛面板回归模型探究在不同区域创新水平下长江经济带制造业集聚对环境质量的影响。相关研究结论归纳如下：

第一，2010~2019 年，长江经济带环境质量指数均呈现为持续上升趋势。其中，下游地区城市的环境质量指数最高，其次是中游地区，上游地区最低。从增速来看，上游地区环境质量指数上升速度最快，其次是中游地区，下游地区最慢，这表明上中下游地区环境质量差异正在逐渐收敛。

第二，从空间杜宾模型回归结果来看，环境质量存在正向空间溢出效应，本地区环境质量提升也会促进邻近地区环境质量改善。制造业集聚和环境质量存在显著的"U"形曲线关系，制造业集聚对长江经济带环境质量表现为先抑制、后改善的作用。

第三，从分区域回归结果来看，上游和中游地区空间溢出效应不显著，下游地区环境质量有正向的空间溢出效应。上游和下游地区制造业集聚可以改善环境质量；中游地区城市制造业集聚水平与环境质量之间呈现为"U"形曲线关系，即制造业集聚对环境质量表现为先抑制、后改善的作用。

第四，无论是低碳试点城市抑或非低碳试点城市，环境质量均存在显著的正向空间溢出效应。低碳试点城市制造业集聚与环境质量表现为正向相关关系。非低碳试点城市制造业集聚水平与环境质量之间呈现为"U"形曲线关系，制造业集聚对环境质量表现为先抑制、后改善的影响。

第五，从制造业集聚、区域创新、环境质量三者的关系来看，区域创新是制造业集聚影响环境质量的中介变量，即制造业集聚可以通过提升区域创新水平进而对环境质量产生影响。将门槛变量设置为区域创新水平，门槛回归结果表明，从长江经济带整体来看，制造业集聚对环境质量有显著的双门槛特征。在上游和下游地区，制造业集聚对环境质量有显著的双门槛特征。在中游地区，制造业集聚对环境质量有显著的单门槛特征。

第八章　研究结论与政策启示

本书在系统梳理相关研究成果的基础上，研判长江经济带制造业发展现状，刻画长江经济带制造业集聚水平的时空演变特征，采用空间计量模型探索制造业集聚的影响因素，对制造业集聚的创新效应与环境效应展开实证检验，验证理论假说。本章在前文基础上，归纳本书的主要研究结论，结合实证分析过程凝练政策启示，为长江经济带制造业发展提供决策咨询。

第一节　研究结论

一、长江经济带制造业发展现状

长江经济带制造业企业主营业务收入、企业资产总计、利润总额稳步上升，制造业同构性问题较为严重，制造业结构合理化、高级化水平稳步上升，且世界级制造业集群建设初见成效。

（1）从长江经济带制造业发展规模来看，长江经济带制造业企业主营业务收入、企业资产总计、利润总额占全国一半左右比重。2010~2019年，长江经济带制造业企业主营业务收入保持平稳较快增长态势，下游地区份额最大，中游地区其次，上游地区最小；从增速来看，中游地区最快，上游地区其次，下游地区最慢。长江经济带制造业企业利润总额保持较快增长态势，下游地区份额最高，中游地区其次，上游地区最低；从增速来看，上游地区最快，中游地区其次，下游地区最慢。长江经济带制造业企业资产呈现为快速增长态势，下游地区份额最高，中游地区其次，上游地区最低；从增速来看，中游地区最快，上游地区其次，而下游地区最慢。

（2）从长江经济带制造业结构来看，2010~2019年，长江经济带制造业结构相似系数较高，表明长江经济带制造业存在较为严重的同构性问题。其中，上游地区制造业同构性呈较快下降态势，中游地区制造业同构性呈缓慢上升态势，下游地区制造业结构相似系数变化趋势较为平稳。表明长江经济带制造业发展要更加注重走差异化发展之路，减少或避免同质化竞争。长江经济带制造业结构合理化水平高于全国平均水平以及长江经济带以外地区，且表现为持续上升趋势，下游地区最高，中游地区其次，上游地区最低。长江经济带制造业结构高级化水平高于全国以及长江经济带以外地区，且呈现为快速上升趋势，下游地区最高，中游地区其次，上游地区最低。

（3）长江经济带五大世界级制造业集群已初步具备国际竞争力和品牌影响力。长江经济带是中国电子信息产业的主要集聚区，尤其是长江经济带下游地区，是全国电子信息产业的排头兵。长江经济带沿线11省份深化分工合作，聚焦不同领域，大力培育高端装备制造业集群。长江经济带承载了中国近一半的汽车生产总量，品牌影响力不断提升，是全国乃至全球汽车制造业的重要集聚区。长江经济带拥有众多国内、国际知名家电品牌，家电产品产量占据全国近一半的比重。长江经济带纺织服装产业在规模、品牌等方面已形成显著优势。

二、长江经济带制造业集聚水平的时空演变特征

长江经济带制造业集聚水平总体保持平稳态势，呈现上中下游地区梯度递增

的空间特征，下游地区最高，中游地区次之，上游地区最低。中游地区制造业集聚水平呈缓慢上升趋势，上游和下游地区制造业集聚水平有所下滑。

（1）长江经济带沿线11省份中，江苏、浙江、湖北、上海制造业区位商较高，贵州、云南制造业区位商最低。长江经济带沿线108个城市中，上海、无锡、常州、苏州、淮安、镇江等城市制造业集聚水平较高，而金华、丽水、淮南、淮北、黄山等城市制造业集聚水平较低。

（2）从长江经济带沿线11省份制造业细分行业集聚水平来看，制造业细分行业专业化程度兼具稳定性和变化性特点。例如，浙江的化学纤维制造业、重庆的交通设备制造业、云南的烟草制品业持续处于高集聚水平；2010年湖北区位商最高的行业为烟草制品业，2014年为酒、饮料制造业，2019年为印刷媒介复制业。

（3）从长江经济带制造业集聚行业特征来看，2010~2019年，装备制造业空间基尼系数较高，轻纺工业其次，资源加工工业最低。轻纺工业中纺织业，纺织服装、鞋、帽制造业等相关行业分布较为集中且高于制造业整体集聚水平，而农副食品加工业、食品制造业等行业则布局较为分散且低于制造业整体集聚水平；资源加工工业中仅有化学纤维制造业、金属制品业集聚水平高于制造业整体集聚水平，其他细分行业均低于制造业整体集聚水平；装备制造业各细分行业集聚水平均高于制造业整体集聚水平。

三、长江经济带制造业集聚水平的影响因素

长江经济带制造业集聚具有显著的负向空间溢出效应，对外开放度、交通便利度、城市规模、教育水平、资源禀赋、政府干预度可以显著影响长江经济带制造业集聚水平。

（1）从长江经济带整体来看，制造业集聚水平存在负向空间溢出效应，即本地区制造业集聚的同时会抑制周围地区制造业集聚。对外开放度、交通便利度、城市规模、教育水平对长江经济带制造业集聚具有正面作用。资源禀赋、政

府干预度对长江经济带制造业集聚存在负面作用。市场规模、劳动力技能、房价水平、互联网规模对长江经济带制造业集聚的影响不显著。

（2）从上中下游地区来看，上游地区空间溢出效应不显著，中游和下游地区存在显著的负向空间溢出效应。资源禀赋对长江经济带上游和下游地区制造业集聚水平的影响显著为负，对中游地区制造业集聚水平的影响不显著为正。市场规模对长江经济带上游地区制造业集聚水平的影响显著为正，对中游地区和下游地区制造业集聚水平的影响不显著为正。对外开放度对长江经济带上游地区和中游地区制造业集聚的作用显著为正，对下游地区制造业集聚的影响不显著为正。劳动力技能对上游地区制造业集聚水平的影响不显著为正，对长江经济带中游地区和下游地区制造业集聚水平的影响显著为正。交通便利度对长江经济带上游地区制造业集聚水平的影响不显著为负，对中游地区和下游地区制造业集聚水平的影响均显著为正。城市规模对长江经济带上游地区制造业集聚水平的影响不显著为负，对中游地区制造业集聚水平的影响不显著为正，对下游地区制造业集聚水平的影响显著为正。教育水平对长江经济带上游地区制造业集聚水平的影响显著为正，对中游地区和下游地区制造业集聚水平的影响不显著为正。房价水平对长江经济带上游地区制造业集聚水平的影响显著为负，对中游和下游地区影响不显著为负。互联网规模对长江经济带上游地区制造业集聚水平的影响不显著为正，对中游地区制造业集聚水平的影响显著为负，对下游地区制造业集聚水平的影响不显著为负。政府干预度对长江经济带上游和下游地区制造业集聚水平的影响不显著为正，对中游地区制造业集聚水平的影响显著为负。

四、长江经济带制造业集聚的创新效应

长江经济带区域创新水平具有显著的正向空间溢出效应，制造业集聚对区域创新表现为先抑制、后促进的非线性曲线关系。制造业集聚可以通过加快劳动力流动来提升区域创新水平。在不同禀赋结构下制造业集聚对区域创新表现出门槛特征。

（1）从长江经济带区域创新水平演变特征来看，2010~2019年，长江经济带城市创新指数呈逐年上升态势，城市创新指数平均值由 2010 年的 1.535 上升至 2019 年的 3.679。下游地区城市创新水平最高，中游地区其次，上游地区最低，且差距不断扩大。

（2）长江经济带城市创新水平具有显著的空间溢出效应，本地区创新水平提升会促进周围其他地区创新水平提高。制造业集聚与城市创新水平之间存在"U"形曲线关系，即制造业集聚水平的提升对城市创新水平具有先抑制、后促进的作用。

（3）长江经济带上中下游地区的回归结果显示，上游和中游地区的空间自回归系数不显著为正，下游地区创新水平存在显著的正向空间溢出效应。上游地区制造业集聚能够有效促进区域创新水平提升。中游和下游地区制造业集聚和区域创新之间存在显著的"U"形曲线关系，制造业集聚水平的提升对城市创新水平会产生先抑制、后促进的影响。

（4）无论是创新型城市抑或非创新型城市，区域创新都存在显著的正向空间溢出效应。创新型城市制造业集聚与区域创新之间表现为显著的促进作用。非创新型城市制造业集聚与区域创新表现为先抑制、后促进的"U"形曲线关系。

（5）机制检验结果表明，劳动力流动是制造业集聚与区域创新的中介变量。制造业的集聚有助于形成"劳动力蓄水池"，通过发挥知识溢出效应和促进劳动力技能提升等方式带动区域创新。门槛模型回归结果显示，以禀赋结构为门槛变量，长江经济带整体及上游、中游地区存在双门槛效应，下游地区存在单门槛效应。

五、长江经济带制造业集聚的环境效应

长江经济带城市环境质量具有显著的正向空间溢出效应，且制造业集聚对长江经济带环境质量存在显著的"U"形曲线关系，即制造业集聚对环境质量表现为先破坏、后改善的作用。区域创新可以作为制造业集聚与环境质量的中介变量，在不同区域创新水平下制造业集聚对环境质量存在门槛效应。

（1）长江经济带及上中下游地区环境质量指数均呈现为持续上升趋势，下游地区环境质量指数最高，其次是中游地区，上游地区最低。从增速来看，上游地区最快，其次是中游地区，下游地区最慢。

（2）长江经济带城市环境质量存在正向空间溢出效应，本地区环境质量提升也会促进邻近地区环境质量改善。制造业集聚和环境质量存在显著的"U"形曲线关系，制造业集聚对长江经济带环境质量表现为先抑制、后改善的作用。

（3）长江经济带上中下游地区回归结果显示，上游和中游地区空间溢出效应不显著，下游地区城市环境质量存在显著的正向空间溢出效应。上游和下游地区制造业集聚可以改善环境质量，中游地区制造业集聚与环境质量表现为先破坏、后改善的"U"形曲线关系。

（4）无论是低碳试点城市抑或非低碳试点城市，环境质量均存在显著的正向空间溢出效应。低碳试点城市制造业集聚与环境质量表现为正向相关关系。非低碳试点城市制造业集聚水平与环境质量之间呈现为"U"形曲线关系，制造业集聚对环境质量表现为先抑制、后改善的影响。

（5）制造业集聚可以通过提升区域创新水平进而对环境质量产生影响。在不同区域创新水平下，长江经济带制造业集聚对环境质量有显著的双门槛特征。上游和下游地区制造业集聚对环境质量有显著的双门槛特征，中游地区制造业集聚对环境质量有显著的单门槛特征。

第二节　政策启示

党的二十大报告将高质量发展作为中国式现代化的本质要求之一，提出"高质量发展是全面建设社会主义现代化国家的首要任务"，并作出"推动制造业高端化、智能化、绿色化发展"的部署。制造业是国民经济的主体，是技术创新的主战场，也是供给侧结构性改革的重要领域。因此，推动制造业合理集聚、更好地发挥制造业集聚的创新效应和环境效应是实现制造业高质量发展的重要议题。

一、因地制宜推动长江经济带制造业合理集聚

1. 统筹制造业分工布局

产业布局的合理性对区域优势的发挥和经济的可持续增长发挥重要作用。要扭转过去以"增长主义"为导向的产业政策，优化产业空间布局，促进适宜性产业集聚。立足主体功能定位、产业基础、环境容量、资源承载力，严格遵守《长江经济带产业转移指南》，建立健全区域合作机制，搭建长江经济带产业转移对接平台，强化产业转移与承接的协调机制，明确沿江各制造业集聚区发展方向，提前规避产能过剩、同质化竞争等问题，加强长江经济带制造业集聚的空间协同。明确长江经济带上中下游地区制造业发展的重点任务，上游地区应根据产业承接能力和优势资源合理布局制造业，通过与中游和下游地区创新科技成果跨区域转移合作模式，共建创新联合体和新型研发机构，将中游和下游地区的科技创新成果率先实现产业化应用，推动特色优势产业和新兴产业跨越式发展。同时要深化与"一带一路"沿线国家在科技、产业等方面的合作，通过发挥制造业基础优势来加强与周边国家产业链供应链衔接，稳步提升制造业比重。中游地区重点发展新一代信息技术、汽车、高端装备制造业，推动制造业向高端化、绿色化环节延伸，引导制造业分梯度有序集聚。下游地区要巩固开放先导地位，着力培育先导性和支柱性产业，围绕人工智能、高端装备、新能源汽车等领域，建设世界级先进制造业集群。同时，要注重发挥以数字技术为显著特征的信息技术、科技服务、现代物流、现代金融等生产性服务业对制造业的支撑作用，鼓励有实力的生产性服务业企业实施逆向外包战略，集聚全球先进生产要素为"我"所用。

2. 优化制造业政策供给

协同推进产业技术政策、产业组织政策，加强制造业政策系统性、持续性、衔接性。按照"区域政策、行业政策、企业政策"三个层面加强立体化政策顶层设计，开展各层面"横向部门职责+纵向产业体系"立体化政策组合。围绕新一代信息技术、高端装备、汽车、家电、纺织服装五大世界级制造业集群，引导形成一批关键材料、核心器件、智能装备等领域的产业链和龙头企业。支持开展各类技术创新和应用先行先试，开展关键技术研发和成果转化，鼓励技术应用场景创新，形成制造业技术政策供给与制造业发展需求的良性互动。引导龙头企业加大技术创新投入，开展关键技术研发和成果转化，强化中小企业专业化协作和配套能力，形成大中小企业协同联动的产业组织形态。推动制造业领域高水平对外开放，营造更有吸引力的投资环境，增强制造业全球影响力和辐射力，从而维护全球产业链供应链稳定畅通。强化交通基础设施互联互通，推进大通道大枢纽建设，全面提升资源要素流通中转和聚集辐射功能，实现交通运输与城镇形态、人口布局协调融合发展，为推动长江经济带协同发展、服务双循环格局提供支撑。完善城市规模结构，协同推进成渝地区双城经济圈、中游城市群、长三角城市群建设，加强中心城市辐射带动作用，提升中小城市服务功能，构建以城市群为主体形态，推动形成大中小城市和小城镇协调发展的城镇化格局。教育供给要顺应产业变革科技发展变化，优化教育资源配置，扩大教育资源供给，进一步提升基本公共教育服务水平。同时，要减少行政干预，打破行政壁垒，降低制造业对自然资源禀赋的依赖性，促进生产要素向优势地区集中，鼓励产业链上下游地区通过产业合作、飞地经济、转移承接、利益补偿等多种形式深化交流合作，推动各地区在市场准入门槛、生产要素流动、市场交易规则等方面加强合作，降低制度性交易成本，规避市场区域分割和碎片化所带来的弊端，从而推动形成优势互补、错位发展、分工合作的长江经济带制造业发展格局，充分释放制造业集聚的正外部性。

3. 打造高水平制造业发展环境

营商环境是"软环境",也是"硬环境"。要打造一流制造业发展生态,健全公平、开放、透明的市场竞争规则,持续推进"放管服"改革,不断完善经济调节、市场监管、社会管理、公共服务、生态环保等政府职能,发扬"有呼必应,无事不扰"的"店小二"服务精神,主动与企业加强联系,找准企业办事的堵点、难点和痛点,构建完善高效便捷、优质普惠的"全生命周期"服务体系,更好激发各类市场主体竞争力和创造力,推动长江经济带率先建成高标准市场体系。畅通制造业企业市场准入和退出机制,构建更加完善的要素市场化配置体制机制,充分发挥市场在资源配置中的决定性作用。落实"非禁即入"的市场准入制度,完善行政审批机制、事中监管机制,畅通企业退出渠道,提高市场主体准入退出便利度。强化知识产权保护,加快建立先进制造业专利池,培育扶持知识产权优势企业并支持其牵头组建知识产权联盟。还要不断完善人才发展政策,加强人才链对于产业链的支撑作用,吸引创新型人才、行业领军人才不断向长江经济带沿线城市汇聚。尤其是对于制造业集聚水平较低的地区而言,要更加注重优化营商环境,适当降低市场主体准入门槛,着力减轻企业综合经营成本和制度性交易成本,以高效便捷的服务吸引企业集聚。更加重视招商引资工作,变招商引资为招商选资,紧盯行业头部企业,加快引进一批关键核心零部件制造企业,吸引更多先进制造业企业向长江经济带集聚,补齐先进制造业产业链短板,为长江经济带制造业高质量发展注入外部活力。

4. 强化制造业园区载体建设

制造业园区建设不能一拥而上、一蹴而就,而要进一步厘清园区与属地政府管理体制,明确园区安全生产、环境保护、产业发展职责,聚焦1~3个主导产业,能够发挥明显的示范引领和辐射带动作用。要合理引导制造业企业进入产业园区实现制造业集约化、集聚化、集群化发展,实现园区内大中小企业协同、主导产业与配套产业联动、产业链上下游紧密的发展态势。强化园区基础设施和公用配套设施建设,加强企业研发中心、智能化系统、多功能会议厅、厂房公寓及相关配套设施建设，提升产业园区物流仓储、产品检测、设备维护、验货验厂、供应链管理、数据存储等服务能力。打造共享制造设施平台，聚焦加工制造能力的共享创新，重点发展汇聚工业互联网、行业大模型、生产设备工具、生产线等制造资源的共享平台，发展多工厂协同的共享制造服务，培育集聚中小企业共性制造需求的共享工厂，发展以租代售、按需使用的园区设备共享服务。着力推进制造业承载园区向创新创业型园区转型，联合打造科技创新平台，促进各类创新资源整合，建设高水平的产业技术创新共享平台，促进园区内相关企业共享共用科技创新成果。强化制造业园区联盟作用，通过联盟内资本、土地、人才等资源的流动和整合，为园区间深度合作和整合提供条件，为制造业高质量发展提供更加广阔的空间，从而形成一批具有全球影响力和竞争力的制造业集群。

二、强化长江经济带制造业创新驱动发展

1. 健全制造业创新体系

长江经济带作为国家建设制造强国的主战场，要着力解决在制造业前沿领域关键共性技术供给不足的问题，以上海、南京、杭州、合肥、武汉、重庆、成都为关键节点城市，大力突破制造业核心技术与重大技术装备瓶颈，着力提升制造业创新水平，增强长江经济带制造业高质量发展的核心竞争力。持续深化创新型城市建设，加强城市创新治理力、原始创新力、技术创新力、成果转化力、创新驱动力，加强产业链、创新链、资金链、人才链、政策链"五链统筹"，不断完善长江经济带制造业创新体系。健全以企业为主导的产学研用的协同创新体系，发挥制造业企业技术创新主体作用，支持企业联合高校、科研院所联合组建重点实验室、技术中心、产学研合作办公室等研发机构和创新平台，形成创新联合体。针对技术识别能力强、转化能力强的大企业与高新技术企业，支持建设自主可控的研发平台、产学研合作平台，创新科研成果共享机制，促进制造业企业和其他研究机构共同培育科技成果转化平台，加强平台技术研发合作和创新成果共享。依托上海张江高科技园区、安徽合肥综合性国家科学中心等一批长江经济带

沿线科技创新平台，实施产业基础再造工程，推行"挂图作战""揭榜挂帅"等方式，鼓励支持企业联合承担重大科技项目和重大工程任务，开展共性关键技术和跨行业融合性技术研发，着力突破制造业重点领域"卡脖子"关键核心技术，加速科技成果转化和商业化产业化应用。发挥企业创新主体优势，增强制造业企业和核心技术人员的创新激励，以实施科技创新项目和创新工程为抓手提升制造业企业创新能力，推动形成不同规模的企业协同创新、产能共享、供应链集群化发展的制造业创新型企业发展新业态。

2. 加快制造业数字化转型进程

伴随着新一轮科技革命和产业变革的深入推进，数字技术快速发展，数字化作为加快质量变革、效率变革、动力变革的关键技术，成为推动产业基础高级化和产业链现代化的重要力量。要更好发挥数字技术这一重构制造业竞争优势的重要力量，完善制造业数字化转型合作机制，健全以企业为主导的产学研用协同创新联合体，鼓励头部企业建立开放式协同创新平台，提高制造业数字化服务供给能力，营造大中小企业融通创新的数字化生态。推广应用低成本、快部署、易运维的工业软件解决方案，构建全生命周期的数字孪生系统，并建立数字化能力成熟度模型，对制造业全链数字化转型进行动态评估，不断提升关键装备数控化率、装备综合利用率提升和生产效率并形成数字技术供给的正反馈循环。加强工业互联网平台建设，持续推动制造业企业上云，加快中小型企业数字化普及应用，推广数字化协同设计、大规模个性化定制、全生命周期管理等新模式，开展智能制造工厂的集成创新与应用示范，打造一批灯塔工厂、未来工厂、工业互联网标杆工厂。面向客户个性化需求的产品服务系统价值创造，通过数字技术实现对各制造环节数据资产价值的综合集成，形成快速、有效、个性化产品供应能力，有针对性地培育数字化管理、平台化设计、智能化制造、网络化协同等模式新业态，不断提高先进制造业与现代服务业融合发展水平。

3. 强化劳动力对区域创新的支撑作用

劳动力流动既有从小城市向大城市的集聚，也有从大城市向小城市的回流。

促进劳动力合理有序流动才能优化人力资本配置，最大程度发挥劳动力生产技能，形成与技术、产业发展相匹配的劳动力流动格局。要健全劳动力在地区之间自由流动的制度保障，持续深化户籍制度改革创新，在大中小城市实施差别化落户政策，逐步放开放宽超大城市和大城市的落户限制。推进基本公共服务均等化，为常住人口提供与户籍人口同等的医疗、就业、住房保障、子女教育等基本公共服务，推进不同城市之间社会保障有效接续，降低劳动力流动成本。完善按贡献决定报酬的收入分配机制，更加注重发挥劳动力市场机制的决定作用，确保相对工资水平与劳动生产率同步提高。实施更加积极开放的人才政策，加快形成导向明确、精准科学、规范有序、竞争择优的科学化社会化市场化人才评价机制，健全人才创新成果收益分配机制，以股权激励、期权激励等激发研发人才和管理人才的创新积极性。

三、加快构建长江经济带绿色制造支撑体系

1. 持续实施严格的环境规制

"生态优先、绿色发展"是长江经济带发展的战略定位，必须以不破坏生态环境为大前提，实施最严格的环境规制标准。深入贯彻落实《中华人民共和国长江保护法》有关规定，通过严格落实权责清单、强化生态环境执法和监督监管力度、完善制度保障等措施促进《中华人民共和国长江保护法》落地实施。加大环境隐患排查和集中治理力度，对污染企业和偷排行为零容忍，依据法律法规和环保、质量、安全、能效等综合性标准，推动落后产能和过剩产能依法淘汰、有序退出。禁止新建污染严重、产能过剩、工艺落后的制造业项目，尤其是要严格限制化工项目建设，严禁在沿江一公里范围内布局化工企业和新建化工项目。强化企业在环境治理中的主体地位，遵循"污染者付费、利用者补偿、开发者保护、破坏者恢复"原则，建立资源环境税收政策和消费政策，对绿色化改造重点行业、绿色工业园区、先进制造业集群等进行污染排放和碳排放核算，采用严格的环境规制手段倒逼排污严重的制造业企业转型升级。深化低碳试点城市建设，

加快推进低碳技术应用和机制创新，积极探索绿色低碳发展模式，推广合同能源管理、合同节水管理、环境污染第三方治理、环境综合治理托管等专业化节能环保服务，探索实施"环境修复+开发建设"的工业污染地块修复利用创新模式，推动形成绿色低碳循环发展的生产体系、流通体系、消费体系。

2. 完善绿色低碳技术创新体系

优化绿色技术领域的全国重点实验室、国家工程技术研究中心、国家技术创新中心、国家能源研发创新平台布局，加大对绿色低碳技术创新平台建设的支持力度。完善绿色技术资源共享服务体系，更好发挥头部企业在环境保护方面的示范引领和带动作用，鼓励企业联合高校、科研机构、金融资本等建立绿色技术创新联盟、绿色技术创新联合体。鼓励制造业企业采用先进的清洁生产技术和高效末端治理装备，引导企业加大清洁可再生能源使用，加强电力需求侧管理，推动电能、氢能、生物质能替代化石燃料。重点围绕钢铁、化工、有色金属、造纸等污染密集型制造业，指导高污染制造业企业转型升级发展，在严格的环境规制环境下倒逼传统制造业企业加快传统制造业绿色转型关键技术研发，发展绿色低碳循环经济。以能源节约、污染治理、资源循环利用、低碳与零碳工业流程再造等领域为重点，加强绿色技术创新的股权支持力度，充分发挥国家科技成果转化引导基金作用，综合应用绿色信贷、绿色债券、绿色基金、绿色保险等方式支持企业绿色技术创新，推进首台（套）重大技术装备保险补偿机制试点建设，降低制造业企业绿色技术创新风险。加大政府绿色产品采购力度，倡导公共绿色采购和市场绿色消费，完善绿色产品认证与标识体系，从而激发企业绿色技术创新行为，提升企业在创新研发中绿色清洁技术投资比例。

3. 加快构建长江经济带绿色制造体系

围绕碳达峰、碳中和目标，将绿色低碳发展的有关政策措施逐步细化至制造业细分行业，大力实施制造业低碳行动、绿色制造工程，促进制造业全产业链和产品全生命周期绿色发展。打造一批具有示范带动作用的绿色工厂、绿色产品、绿色园区、绿色供应链，培育一批提供绿色化系统解决方案的绿色制造服务供应商，建立高效、清洁、低碳、循环的绿色制造体系，以长江经济带制造业绿色发展引领带动全国制造业绿色化转型。制造业工厂要注重用地集约化、装备清洁化、资源循环化、能源低碳化，推广应用企业资源计划系统，针对重点污染物开展清洁生产技术改造，切实提高资源能源利用效率和降低污染物排放水平。制造业产品要综合量化评估原材料选用、生产、销售、使用、回收、处理等各个环节对资源环境的影响，运用数字技术动态监管绿色产品，建立统一的绿色产品标准、认证、标识体系。制造业园区要加大园区绿电供应能力，加强能源梯级利用、余热余压回收利用、工业用水重复利用，提高"三废"综合利用率，打造链接共生、原料互供、资源共享的一体化生态链。制造业供应链要建立数字技术支撑的绿色供应链管理体系，在原料采购、生产加工、仓储、分销、配送、废弃物回收等环节实施全生命周期实时监测和动态监管。

参考文献

［1］Abel J R, Deitz R. Agglomeration and job matching among college graduates ［J］. Regional Science & Urban Economics, 2015, 51 (3): 14-24.

［2］Aghion P, Bloom N, Griffith R, et al. Competition and innovation: An inverted-U relationship ［J］. Quarterly Journal of Economics, 2005, 120 (2): 701-728.

［3］Aleksandrova E, Behrens Kuznetsova M. Manufacturing co-agglomeration in a transition country: Evidence from Russia ［J］. Journal of Regional Science, 2020, 60 (1): 88-128.

［4］Andersson R, Quigley J M, Wilhelmsson M. Agglomeration and the spatial distribution of creativity ［J］. Papers in Regional Science, 2005, 84 (3): 445-464.

［5］Arrow K J. The economic implications of learning by doing ［J］. Review of Economic Studies, 1962, 29 (3): 155-173.

［6］Asheim B T. Industrial districts as "learning regions": A condition for prosperity? ［J］. European Planning Studies, 1996 (4): 379-400.

［7］Bagella M, Becchetti L. Geographical agglomeration-private R&D expenditure effect: Empirical evidence on Italian data ［J］. Economics of Innovation and New Technology, 2002, 11 (3): 233-247.

［8］Baron R M, Kenny D A. The moderator-mediator variable distinction in social psychological research: Conceptual, strategic, and statistical considerations ［J］. Journal of Personality and Social Psychology, 1986, 51 (6): 1173.

［9］Behrens K, Bougna T. An anatomy of the geographical concentration of Canadian manufacturing industries ［J］. Regional Science and Urban Economics, 2015, 51: 47-69.

［10］Bettencourt L, Lobo J, Strumsky D. Invention in the city: Increasing returns to patenting as a scaling function of metropolitan size ［J］. Research Policy, 2007, 36 (1): 107-120.

［11］Bo L. The spillover effect of innovation on economic growth: Leader effect vs. peer effect ［J］. Management Studies, 2019, 7 (6): 601-608.

［12］Boschma R, Frenken K. The emerging empirics of evolutionary economic geography ［J］. Journal of Economic Geography, 2011, 11 (2): 295-307.

［13］Boschma R, Iammarino S. Related variety, trade linkages, and regional growth in Italy ［J］. Economic Geography, 2009, 85 (3): 289-311.

［14］Brakman S, Garretsen H, Zhao Z. Spatial concentration of manufacturing firms in China ［J］. Papers in Regional Science, 2017, 96: S179-S205.

［15］Cainelli G, Giannini V, Iacobucci D. Agglomeration, networking and the Great Recession ［J］. Regional Studies, 2019, 53 (7): 951-962.

［16］Cantner U, Pyka A. Classifying technology policy from an evolutionary perspective ［J］. Research Policy, 2001, 30 (5): 759-775.

［17］Chaudhry T, Haseeb M, Haroon M. Economic geography and misallocation in Pakistan's manufacturing hub ［J］. The Annals of Regional Science, 2017, 59 (1): 189-208.

［18］Chen C, Sun Y, Lan Q, et al. Impacts of industrial agglomeration on pollution and ecological efficiency-A spatial econometric analysis based on a big panel dataset of China's 259 cities ［J］. Journal of Cleaner Production, 2020, 258: 120-141.

［19］ Cheng Z. The spatial correlation and interaction between manufacturing agglomeration and environmental pollution ［J］. Ecological Indicators, 2016, 61 (2): 1024-1032.

［20］ Chorley R J, Haggett P. Trend-surface mapping in geographical research ［J］. Transactions of the Institute of British Geographers, 1965 (37): 47-67.

［21］ Christaller W. Zentralen orte in süddeutschland ［M］. Jena: Gustav Fischer, 1933.

［22］ Cieślik A, Gauger I, Michaek J J. Agglomeration externalities, competition and productivity: Empirical evidence from firms located in Ukraine ［J］. Annals of Regional Science, 2018, 60: 213-233.

［23］ Dixit A K, Stiglitz J E. Monopolistic competition and optimum product diversity ［J］. American Economic Review, 1977, 67 (3): 297-308.

［24］ Duranton G, Overman H G. Testing for localization using micro-geographic data ［J］. The Review of Economic Studies, 2005, 75 (4): 1077-1106.

［25］ Duranton G, Puga D. Micro-foundations of urban agglomeration economies ［M］. Handbook of Regional and Urban Economics. Elsevier, 2004, 4: 2063-2117.

［26］ Ellison G, Glaeser E L, Kerr W R. What causes industry agglomeration? Evidence from coagglomeration patterns ［J］. American Economic Review, 2010, 100 (3): 1195-1213.

［27］ Ellison G, Glaeser E L. Geographic concentration in US manufacturing industries: A dartboard approach ［J］. Journal of Political Economy, 1997, 105 (5): 889-927.

［28］ Ellison G, Glaeser E L. The geographic concentration of industry: Does natural advantage explain agglomeration? ［J］. American Economic Review, 1999, 89 (2): 311-316.

[29] Fan F, Cao D L, Ma N. Is improvement of innovation efficiency conducive to haze governance? Empirical evidence from 283 Chinese cities [J] . International Journal of Environmental Research and Public Health, 2020, 17 (17): 6095-6120.

[30] Feldman M P, Audretsch D B. Innovation in cities: Science-based diversity, specialization and localized competition [J] . European Economic Review, 1999, 43 (2): 409-429.

[31] Feldman M P. Knowledge complementarity and innovation [J] . Small Business Economics, 1994, 6 (5): 363-372.

[32] Fingleton B. Externalities, economic geography, and spatial econometrics: Conceptual and modeling developments [J] . International Regional Science Review, 2003, 26 (2): 197-207.

[33] Frenken K, Van Oort F, Verburg T. Related variety, unrelated variety and regional economic growth [J] . Regional Studies, 2007, 41 (5): 685-697.

[34] Fujita M, Krugman P, Venables A. The spatial economy: Cities, regions, and international trade [M] . MIT Press, 2001.

[35] Fujita M, Mori T. The role of ports in the making of major cities: self-agglomeration and hub-effect [J] . Journal of Development Economics, 1996, 49 (1): 93-120.

[36] Glaeser E L, Kallal H D, Scheinkman J A, et al. Growth in cities [J] . Journal of Political Economy, 1992, 100 (6): 1126-1152.

[37] Grossman G M, Krueger A B. Environmental impacts of a North American free trade agreement [R] . NBER Working Paper, 1991.

[38] Guo Y, Tong L, Mei L, et al. The effect of industrial agglomeration on green development efficiency in Northeast China since the revitalization [J] . Journal of Cleaner Production, 2020, 258: 120-144.

[39] Hansen B E. Threshold effects in non-dynamic panels: Estimation, tes-

ting, and inference [J]. Journal of Econometrics, 1999, 93 (2): 345-368.

[40] Holl A. Highways and productivity in manufacturing firms [J]. Journal of Urban Economics, 2016, 93: 131-151.

[41] Hoover E. The location of economic activity [M]. New York: McGraw-Hill, 1948.

[42] Isard W. Location and space-economy [M]. Cambridge: MIT Press, 1956.

[43] Isard W. Methods of regional analysis: An introduction to regional science [M]. New York: Wiley Technology Press, 1960.

[44] Jacobs J. The economy of cities [M]. New York: Random House, 1969.

[45] Jia L, Li S, Tallman S, et al. Catch-up via agglomeration: A study of township clusters [J]. Global Strategy Journal, 2017, 7 (2): 193-211.

[46] Keeble D, Wever E. New firms and regional development in Europe [M]. Croom Helm, 1986.

[47] Kim H Y. Economic capacity utilization and its determinants: Theory and evidence [J]. Review of Industrial Organization, 1999, 15 (12): 321-339.

[48] Kim H, Ahn S, Ulfarsson G F. Transportation infrastructure investment and the location of new manufacturing around South Korea's West Coast Expressway [J]. Transport Policy, 2018, 66 (8): 146-154.

[49] Krugman P, Venables A. Integration, specialization, and adjustment [J]. European Economic Review, 1993, 40 (3-5): 959-967.

[50] Krugman P. Increasing returns and economic geography [J]. Journal of Political Economy, 1991, 99 (3): 483-499.

[51] Launhardt W. The theory of the trace: Being a discussion of the principles of location [M]. Lawrence Asylum Press, 1900.

[52] Lesage J P, Pace R K. Introduction to spatial econometrics [M]. Boca Ra-

ton, FL: CRC Press, 2009.

[53] Liu N, Fan F. Threshold effect of international technology spillovers on China's regional economic growth [J] . Technology Analysis & Strategic Management, 2020, 32 (8): 923-935.

[54] Liu S. Spillovers from universities: Evidence from the land-grant program [J] . Journal of Urban Economics, 2015, 87 (5): 25-41.

[55] Lösch A. The economics of location [M] . New Haven, CT: Yale University Press, 1939.

[56] Marshall A. Industrial organization, continued. The concentration of specialized industries in particular localities [J] . Principles of Economics, 1920, 3747: 222-231.

[57] Marshall A. Principles of economics [M] . New York: Macmillan, 1890.

[58] Pinch S, Henry N, Jenkins M, et al. From "industrial districts" to knowledge clusters': A model of knowledge dissemination and competitive advantage in agglomeration [J] . Journal of Economic Geography, 2003, 3 (2): 373-388.

[59] Porter M E. The competitive advantage of nations [M] . New York: Free Press, 1990.

[60] Puga D. The magnitude and causes of agglomeration economies [J] . Journal of Regional Science, 2010, 50 (1): 203-219.

[61] Romer P M. Increasing returns and long-run growth [J] . Journal of Political Economy, 1986, 94 (5): 1002-1037.

[62] Rosenthal S S, Strange W C. The determinants of agglomeration [J] . Journal of Urban Economics, 2001, 50 (2): 191-229.

[63] Shao W, Zhang H, Liu J, et al. Data integration and its application in the sponge city construction of China [J] . Procedia Engineering, 2016, 154 (2): 779-786.

［64］ Thunen J. Der Isolierte Staat in Beziehung auf Landtschaft und National konomie ［C］. Oxford: Pergamon Press, 1826.

［65］ Van Donkelaar A, Martin R V, Brauer M, et al. Use of satellite observations for long-term exposure assessment of global concentrations of fine particulate matter ［J］. Environmental Health Perspectives, 2015, 123 (2): 135-143.

［66］ Venables A. Equilibrium locations of vertically linked industries ［J］. International Economic Review, 1996, 37 (2): 341-359.

［67］ Walz U. Long-run effects of regional policy in an economic union ［J］. The Annals of Regional Science, 1996, 30: 165-183.

［68］ Wang S, Jia M, Zhou Y, et al. Impacts of changing urban form on ecological efficiency in China: A comparison between urban agglomerations and administrative areas ［J］. Journal of Environmental Planning and Management, 2020, 63 (10): 1834-1856.

［69］ Wang S, Zhang J, Fan F, et al. The symbiosis of scientific and technological innovation efficiency and economic efficiency in China—an analysis based on data envelopment analysis and logistic model ［J］. Technology Analysis & Strategic Management, 2019, 31 (1): 67-80.

［70］ Weber A. Theory of the location of industries ［M］. Chicago: University of Chicago Press, 1909.

［71］ Wu H, Guo H, Zhang B, et al. Westward movement of new polluting firms in China: Pollution reduction mandates and location choice ［J］. Journal of Comparative Economics, 2017, 45 (11): 119-138.

［72］ Xiao Z L, Du X Y, Fan F. Convergence in China's high-tech industry development performance: a spatial panel model ［J］. Applied Economics, 2017, 49 (52): 5296-5308.

［73］ Yi Y. Firm relocation and age-dependent reliance on agglomeration externalities ［J］. The Annals of Regional Science, 2018, 61（2）：1-18.

［74］Yuan F, Gao J, Wang L, et al. Co-location of manufacturing and producer services in Nanjing, China ［J］. Cities, 2017, 63（3）：81-91.

［75］Zhao H, Cao X, Ma T. A spatial econometric empirical research on the impact of industrial agglomeration on haze pollution in China ［J］. Air Quality, Atmosphere & Health, 2020, 13（11）：1305-1312.

［76］白永亮，杨扬. 长江经济带城市制造业集聚的空间外部性：识别与应用 ［J］. 重庆大学学报（社会科学版），2019，25（3）：14-28.

［77］白永秀，任保平. 区域经济基本问题研究 ［M］. 北京：经济科学出版社，2004.

［78］曹春方，马连福，沈小秀. 财政压力、晋升压力、官员任期与地方国企过度投资 ［J］. 经济学（季刊），2014，13（4）：1415-1436.

［79］陈长石，姜廷廷，刘晨晖. 产业集聚方向对城市技术创新影响的实证研究 ［J］. 科学学研究，2019，37（1）：77-85.

［80］陈创练，庄泽海，林玉婷. 金融发展对工业行业资本配置效率的影响 ［J］. 中国工业经济，2016（11）：22-38.

［81］陈国亮，陈建军. 产业关联、空间地理与二三产业共同集聚——来自中国212个城市的经验考察 ［J］. 管理世界，2012（4）：82-100.

［82］陈建军，胡晨光. 产业集聚的集聚效应——以长江三角洲次区域为例的理论和实证分析 ［J］. 管理世界，2008（6）：68-83.

［83］陈柯，尹良富，汪俊英，等. 中国制造业产业集聚影响因素的实证研究 ［J］. 上海经济研究，2020（10）：97-108.

［84］陈龙，魏诚一. 区际产业转移、空间关联与就业技能结构 ［J］. 北京交通大学学报（社会科学版），2022，21（2）：86-99.

［85］陈明生，郑玉璐，姚笛. 基础设施升级、劳动力流动与区域经济差距——来自高铁开通和智慧城市建设的证据 ［J］. 经济问题探索，2022（5）：

109-122.

［86］陈诗一，陈登科．雾霾污染、政府治理与经济高质量发展［J］．经济研究，2018，53（2）：20-34.

［87］陈曦，朱建华，李国平．中国制造业产业间协同集聚的区域差异及其影响因素［J］．经济地理，2018，38（12）：104-110.

［88］陈艳如，谷跃，宋伟轩．中国城市房价、收入与房价收入比的时空分异格局［J］．地理研究，2021，40（9）：2442-2458.

［89］陈运平，何珏，钟成林．"福音"还是"诅咒"：资源丰裕度对中国区域经济增长的非对称影响研究［J］．宏观经济研究，2018（11）：139-152，175.

［90］程开明，洪真奕．城市人口聚集度对空气污染的影响效应——基于双边随机前沿模型［J］．中国人口·资源与环境，2022，32（2）：51-62.

［91］程中华，刘军．产业集聚、空间溢出与制造业创新——基于中国城市数据的空间计量分析［J］．山西财经大学学报，2015，37（4）：34-44.

［92］程中华，张立柱．产业集聚与城市全要素生产率［J］．中国科技论坛，2015（3）：112-118.

［93］仇保兴．小企业集群研究［M］．上海：复旦大学出版社，1999.

［94］崔书会，李光勤，豆建民．产业协同集聚的资源错配效应研究［J］．统计研究，2019，36（2）：76-87.

［95］邓明．自然资源禀赋与地方政府的征税能力建设［J］．财政研究，2020（11）：56-70，100.

［96］丁伟丰，罗小龙，顾宗倪．产业空间演化视角下乡村型半城镇化地区的转型——以汕头市澄海区中部地区为例［J］．经济地理，2020，40（12）：147-154.

［97］豆建民，沈艳兵．产业转移对中国中部地区的环境影响研究［J］．中国人口·资源与环境，2014，24（11）：96-102.

[98] 豆建民，张可．集聚与污染：研究评述及展望［J］．苏州大学学报（哲学社会科学版），2014，35（2）：109-118.

[99] 杜江，张伟科，葛尧．产业集聚对区域技术创新影响的双重特征分析［J］．软科学，2017，31（11）：1-5.

[100] 杜威剑，李梦洁．产业集聚会促进企业产品创新吗？——基于中国工业企业数据库的实证研究［J］．产业经济研究，2015（4）：1-9，20.

[101] 杜宇，黄成，吴传清．长江经济带工业高质量发展指数的时空格局演变［J］．经济地理，2020，40（8）：96-103.

[102] 杜宇，黄成．长江经济带高技术制造业创新效率时空格局演变研究［J］．科技进步与对策，2019，36（21）：35-42.

[103] 樊纲，王小鲁，张立文，等．中国各地区市场化相对进程报告［J］．经济研究，2003（3）：9-18，89.

[104] 范剑勇，邵挺．房价水平、差异化产品区位分布与城市体系［J］．经济研究，2011，46（2）：87-99.

[105] 范剑勇．产业集聚与地区间劳动生产率差异［J］．经济研究，2006（11）：72-81.

[106] 范剑勇．产业集聚与区域经济协调发展［M］．北京：人民出版社，2013.

[107] 范剑勇．产业集聚与中国地区差距研究［M］．上海：上海人民出版社，2008.

[108] 范晓莉，黄凌翔，卢静，等．战略性新兴产业集聚发展及影响因素分析［J］．统计与决策，2017（14）：139-143.

[109] 符淼．地理距离和技术外溢效应——对技术和经济集聚现象的空间计量学解释［J］．经济学（季刊），2009，8（4）：1549-1566.

[110] 干春晖，郑若谷，余典范．中国产业结构变迁对经济增长和波动的影响［J］．经济研究，2011，46（5）：4-16，31.

［111］高丽娜，张惠东．集聚经济、创新溢出与区域创新绩效［J］．工业技术经济，2015，34（1）：70-77.

［112］郭剑花，杜兴强．政治联系、预算软约束与政府补助的配置效率——基于中国民营上市公司的经验研究［J］．金融研究，2011（2）：114-128.

［113］郭凌军，刘嫣然，刘光富．环境规制、绿色创新与环境污染关系实证研究［J］．管理学报，2022，19（6）：892-900，927.

［114］郭然，原毅军．生产性服务业集聚、制造业集聚与环境污染——基于省级面板数据的检验［J］．经济科学，2019（1）：82-94.

［115］韩峰，柯善咨．追踪我国制造业集聚的空间来源：基于马歇尔外部性与新经济地理的综合视角［J］．管理世界，2012（10）：55-70.

［116］韩峰，李玉双．产业集聚、公共服务供给与城市规模扩张［J］．经济研究，2019，54（11）：149-164.

［117］韩峰，阳立高．生产性服务业集聚如何影响制造业结构升级？——一个集聚经济与熊彼特内生增长理论的综合框架［J］．管理世界，2020，36（2）：72-94，219.

［118］韩坚，费婷怡，吴胜男，等．产业集聚、空间效应与区域创新研究［J］．财政研究，2017（8）：90-100.

［119］韩坚，邹力子．产业集聚、生态环境治理与空间差异化策略［J］．苏州大学学报（哲学社会科学版），2020，41（5）：91-101.

［120］韩剑，郑秋玲．政府干预如何导致地区资源错配——基于行业内和行业间错配的分解［J］．中国工业经济，2014（11）：69-81.

［121］韩清，张晓嘉，徐伟强．中国工业产业协同集聚的测量及其影响因素分析［J］．上海经济研究，2020（10）：85-96，108.

［122］韩先锋，宋文飞，李勃昕．互联网能成为中国区域创新效率提升的新动能吗［J］．中国工业经济，2019（7）：119-136.

［123］郝凤霞，张诗葭．长三角城市群交通基础设施、经济联系和集聚——

基于空间视角的分析［J］. 经济问题探索, 2021（3）: 80-91.

［124］何凤琴, 邹奥博. 长江经济带的经济发展促进了区域科技创新吗?［J］. 江西社会科学, 2019, 39（1）: 77-84.

［125］何文举, 张华峰, 陈雄超, 等. 中国省域人口密度、产业集聚与碳排放的实证研究——基于集聚经济、拥挤效应及空间效应的视角［J］. 南开经济研究, 2019（2）: 207-225.

［126］贺灿飞, 谢秀珍. 中国制造业地理集中与省区专业化［J］. 地理学报, 2006（2）: 212-222.

［127］贺灿飞, 杨汝岱. 贸易经济地理研究［M］. 北京: 经济科学出版社, 2010.

［128］贺灿飞, 朱晟君. 中国产业发展与布局的关联法则［J］. 地理学报, 2020, 75（12）: 2684-2698.

［129］贺灿飞. 中国制造地理集中与集聚［M］. 北京: 科学出版社, 2009.

［130］胡安军, 郭爱君, 钟方雷, 等. 高新技术产业集聚能够提高地区绿色经济效率吗?［J］. 中国人口·资源与环境, 2018, 28（9）: 93-101.

［131］胡彬, 万道侠. 产业集聚如何影响制造业企业的技术创新模式——兼论企业“创新惰性”的形成原因［J］. 财经研究, 2017, 43（11）: 30-43.

［132］胡求光, 周宇飞. 开发区产业集聚的环境效应: 加剧污染还是促进治理?［J］. 中国人口·资源与环境, 2020（10）: 64-72.

［133］胡绪华, 陈默, 朱程鹏. 长江经济带绿色生产效率的测度及其影响因素分析［J］. 统计与决策, 2020, 36（16）: 77-81.

［134］黄磊, 吴传清. 长江经济带城市工业绿色发展效率及其空间驱动机制研究［J］. 中国人口·资源与环境, 2019, 29（8）: 40-49.

［135］黄磊. 产业集聚提升了长江经济带城市工业绿色发展效率吗?［J］. 湖北大学学报（哲学社会科学版）, 2021, 48（1）: 115-125.

［136］黄庆华，时培豪，胡江峰．产业集聚与经济高质量发展：长江经济带107个地级市例证［J］．改革，2020（1）：87-99.

［137］黄小勇，刘斌斌．FDI方式选择及其对中国绿色技术创新的影响——基于采掘业数据的经验分析［J］．宏观经济研究，2020（7）：114-123，175.

［138］纪玉俊，王培顺．中国制造业的空间集聚及其影响因素分析——以2000—2009年29类制造业数据为例［J］．经济与管理，2012，26（3）：22-28.

［139］江小敏，梁双陆，李宏兵．进口产品质量的提升促进了我国产业出口升级吗——基于产业关联视角的证据［J］．国际经贸探索，2020，36（7）：16-32.

［140］金煜，陈钊，陆铭．中国的地区工业集聚：经济地理、新经济地理与经济政策［J］．经济研究，2006（4）：79-89.

［141］景维民，张璐．环境管制、对外开放与中国工业的绿色技术进步［J］．经济研究，2014，49（9）：34-47.

［142］［德］克里斯塔勒．德国南部中心地原理［M］．常正文，王兴中，译．北京：商务印书馆，2010.

［143］寇宗来，刘学悦．中国城市和产业创新力报告2017［R］．复旦大学产业发展研究中心，2017.

［144］李华，杜丹阳，吴爱萍．考虑吸收能力的区域创新多维溢出效应［J］．科技进步与对策，2020，37（9）：79-86.

［145］李沙沙，尤文龙．产业集聚能否促进制造业企业创新？［J］．财经问题研究，2018（4）：30-38.

［146］李伟娜，徐勇．制造业集聚、环境技术效率与节能减排［J］．经济管理，2013，35（9）：1-12.

［147］李伟娜，徐勇．制造业集聚与环境技术效率——基于中国2001～2011年省际面板数据的实证［J］．软科学，2014，28（5）：5-10.

［148］李筱乐．市场化、工业集聚和环境污染的实证分析［J］．统计研究，

2014，31（8）：39-45.

　　[149] 李雪松，张雨迪，孙博文. 区域一体化促进了经济增长效率吗？——基于长江经济带的实证分析 [J]. 中国人口·资源与环境，2017，27（1）：10-19.

　　[150] 李扬，张晓晶. "新常态"：经济发展的逻辑与前景 [J]. 经济研究，2015，50（5）：4-19.

　　[151] 李稚，段珅，孙涛. 制造业产业集聚如何影响生态环境——基于绿色技术创新与外商直接投资的双中介模型 [J]. 科技进步与对策，2019，36（6）：51-57.

　　[152] 刘和东. 区域创新内溢、外溢与空间溢出效应的实证研究 [J]. 科研管理，2013，34（1）：28-36.

　　[153] 刘军，段会娟. 我国产业集聚新趋势及影响因素研究 [J]. 经济问题探索，2015（1）：36-43.

　　[154] 刘涛，齐元静，曹广忠. 中国流动人口空间格局演变机制及城镇化效应——基于2000和2010年人口普查分县数据的分析 [J]. 地理学报，2015，70（4）：567-581.

　　[155] 刘修岩，何玉梅. 集聚经济、要素禀赋与产业的空间分布：来自中国制造业的证据 [J]. 产业经济研究，2011（3）：10-19.

　　[156] 刘修岩，李松林，秦蒙. 开发时滞、市场不确定性与城市蔓延 [J]. 经济研究，2016，51（8）：159-171，186.

　　[157] 刘志东，高洪玮. 中国制造业集聚的演变特征及其影响因素——基于空间面板模型的实证研究 [J]. 经济地理，2021，41（12）：33-42.

　　[158] 柳卸林，葛爽. 探究20年来中国经济增长创新驱动的内在机制——基于新熊彼特增长理论的视角 [J]. 科学学与科学技术管理，2018，39（11）：3-18.

　　[159] 柳卸林，杨博旭. 多元化还是专业化？产业集聚对区域创新绩效的影

响机制研究 [J]．中国软科学，2020（10）：141-161.

［160］卢丽文，宋德勇．长江经济带水污染密集型产业时空格局演变及影响因素研究 [J]．长江流域资源与环境，2020，29（12）：2597-2606.

［161］陆铭，冯皓．集聚与减排：城市规模差距影响工业污染强度的经验研究 [J]．世界经济，2014，37（7）：86-114.

［162］路江涌，陶志刚．我国制造业区域集聚程度决定因素的研究 [J]．经济学（季刊），2007（3）：801-816.

［163］吕承超，商圆月．高技术产业集聚模式与创新产出的时空效应研究 [J]．管理科学，2017，30（2）：64-79.

［164］罗思平，于永达．技术转移、"海归"与企业技术创新——基于中国光伏产业的实证研究 [J]．管理世界，2012（11）：124-132.

［165］马茹，罗晖，王宏伟，等．中国区域经济高质量发展评价指标体系及测度研究 [J]．中国软科学，2019（7）：60-67.

［166］马永红，李欢，王展昭．区际产业转移与区域创新系统耦合研究——基于系统动力学的建模与仿真 [J]．科技进步与对策，2015，32（1）：29-35.

［167］毛渊龙，袁祥飞．集聚外部性、城市规模和环境污染 [J]．宏观经济研究，2020（2）：140-153.

［168］茅锐．产业集聚和企业的融资约束 [J]．管理世界，2015（2）：58-71.

［169］茅锐．企业创新、生产力进步与经济收敛：产业集聚的效果 [J]．金融研究，2017（8）：83-99.

［170］孟望生，张扬．自然资源禀赋、技术进步方式与绿色经济增长——基于中国省级面板数据的经验研究 [J]．资源科学，2020，42（12）：2314-2327.

［171］牟俊霖，闫里鹏，齐晓雨．中国制造业规模在世界的地位及其影响因素研究：基于动态分布与增长回归相结合的方法 [J]．中国软科学，2021（2）：1-10.

［172］牛泽东，张倩肖．FDI创新溢出与门槛效应——基于非线性面板平滑

转换回归模型的分析［J］．产业经济研究，2011（6）：53-62．

［173］裴长洪．经济新常态下中国扩大开放的绩效评价［J］．经济研究，2015，50（4）：4-20．

［174］彭国华．中国地区收入差距、全要素生产率及其收敛分析［J］．经济研究，2005（9）：19-29．

［175］任胜钢．长江经济带产业绿色发展战略与政策体系研究［M］．北京：中国社会科学出版社，2019．

［176］邵朝对，苏丹妮．产业集聚与企业出口国内附加值：GVC升级的本地化路径［J］．管理世界，2019，35（8）：9-29．

［177］邵帅，李欣，曹建华，等．中国雾霾污染治理的经济政策选择——基于空间溢出效应的视角［J］．经济研究，2016，51（9）：73-88．

［178］邵帅，张可，豆建民．经济集聚的节能减排效应：理论与中国经验［J］．管理世界，2019，35（1）：36-60，226．

［179］申伟宁，柴泽阳，张舒．产业协同集聚的工业污染减排效应研究——基于长三角城市群的实证分析［J］．华东经济管理，2020，34（8）：84-94．

［180］沈飞，俞武扬．产业集群与区域城市化进程关联的固定效应模型实证研究［J］．经济与管理，2013，27（1）：81-86．

［181］史丹，叶云岭，于海潮．双循环视角下技术转移对产业升级的影响研究［J］．数量经济技术经济研究，2023，40（6）：5-26．

［182］史丹，叶云岭．人工智能、就业结构与高质量发展［J］．当代财经，2023，462（5）：3-14．

［183］苏丹妮，盛斌，邵朝对，等．全球价值链、本地化产业集聚与企业生产率的互动效应［J］．经济研究，2020，55（3）：100-115．

［184］苏芳．产业集聚与环境影响关系的库兹涅茨曲线检验［J］．生态经济，2015，31（2）：20-23，162．

［185］孙慧，朱俏俏．中国资源型产业集聚对全要素生产率的影响研究

［J］．中国人口·资源与环境，2016，26（1）：121-130.

［186］孙叶飞，夏青，周敏．新型城镇化发展与产业结构变迁的经济增长效应［J］．数量经济技术经济研究，2016，33（11）：23-40.

［187］唐承丽，陈伟杨，吴佳敏，等．长江经济带开发区空间分布与产业集聚特征研究［J］．地理科学，2020，40（4）：657-664.

［188］［日］藤田昌久，［美］克鲁格曼，［英］维纳布尔斯．空间经济学：城市、区域与国际贸易［M］．梁琦，译．北京：中国人民大学出版社，2005.

［189］万庆，吴传清，曾菊新．中国城市群城市化效率及影响因素研究［J］．中国人口·资源与环境，2015，25（2）：66-74.

［190］王兵，聂欣．产业集聚与环境治理：助力还是阻力——来自开发区设立准自然实验的证据［J］．中国工业经济，2016（12）：75-89.

［191］王缉慈，等．超越集群：中国产业集群的理论探索［M］．北京：科学出版社，2010.

［192］王缉慈，等．创新的空间：企业集群与区域发展［M］．北京：北京大学出版社，2001.

［193］王良虎，王钊．战略性新兴产业空间集聚及影响因素研究——基于长江经济带的实证分析［J］．经济体制改革，2020（5）：99-106.

［194］王然，燕波，邓伟根．FDI对我国工业自主创新能力的影响及机制——基于产业关联的视角［J］．中国工业经济，2010（11）：16-25.

［195］王淑英，秦芳．基于空间面板模型的高校创新产出溢出效应的实证研究［J］．软科学，2015，29（7）：64-68.

［196］王勇，樊仲琛，李欣泽．禀赋结构、研发创新和产业升级［J］．中国工业经济，2022，414（9）：5-23.

［197］王振，王晓娟，周海旺，等．长江经济带发展报告（2016）［M］．北京：社会科学文献出版社，2017.

［198］王智波，韩希．废止收容遣送制度的经济影响——基于检验最优城市

理论的实证研究［J］. 经济学（季刊），2018，17（3）：1013-1034.

［199］文东伟，冼国明. 中国制造业的空间集聚与出口：基于企业层面的研究［J］. 管理世界，2014（10）：57-74.

［200］文玫. 中国工业在区域上的重新定位和聚集［J］. 经济研究，2004（2）：84-94.

［201］吴传清，邓海，叶云岭. 长江经济带制造业集聚的环境效应研究［J］. 江西师范大学学报（哲学社会科学版），2022，55（5）：88-98.

［202］吴传清，邓明亮. 长江经济带高耗能产业集聚特征及影响因素研究［J］. 科技进步与对策，2018，35（16）：67-74.

［203］吴传清，邓明亮. 科技创新、对外开放与长江经济带高质量发展［J］. 科技进步与对策，2019，36（3）：33-41.

［204］吴传清，龚晨. 长江经济带沿线省市的工业集聚水平测度［J］. 改革，2015（10）：71-81.

［205］吴传清，黄成，杜宇，等. 长江经济带产业发展报告（2019）［M］. 北京：社会科学文献出版社，2019.

［206］吴传清，申雨琦. 中国装备制造业集聚对绿色创新效率的影响效应研究［J］. 科技进步与对策，2019，36（5）：54-63.

［207］吴传清，叶云岭，高坤，等. 长江经济带制造业集聚水平评价研究［J］. 长江大学学报（社会科学版），2020，43（6）：59-67.

［208］肖挺. 怎样的制造企业更愿涉足服务业务？——"服务化困境"问题的生产率匹配探析［J］. 统计研究，2021，38（2）：57-72.

［209］肖望喜，陶建平，张彩霞. 农户禀赋、风险可控制感与农户自然风险认知［J］. 统计与决策，2020，36（1）：76-80.

［210］谢德金，佘颖. 新型城镇化与战略性新兴产业互动研究——以长江经济带为例［M］. 北京：社会科学文献出版社，2017.

［211］谢静，高英. 实线性空间中向量优化问题近似真有效解的标量化研究

［J］．西南大学学报（自然科学版），2017，39（11）：81-86.

［212］谢里，张敬斌．中国制造业集聚的空间技术溢出效应：引入制度环境差异的研究［J］．地理研究，2016，35（5）：909-928.

［213］解维敏，方红星．金融发展、融资约束与企业研发投入［J］．金融研究，2011（5）：171-183.

［214］徐敏燕，左和平．集聚效应下环境规制与产业竞争力关系研究——基于"波特假说"的再检验［J］．中国工业经济，2013（3）：72-84.

［215］宣烨，宣思源．产业集聚、技术创新途径与高新技术企业出口的实证研究［J］．国际贸易问题，2012（5）：136-146.

［216］闫逢柱，苏李，乔娟．产业集聚发展与环境污染关系的考察——来自中国制造业的证据［J］．科学学研究，2011，29（1）：79-83，120.

［217］杨博旭，王玉荣，李兴光，等．从分散到协同：高新技术产业创新要素集聚发展路径［J］．科技管理研究，2020，40（12）：142-149.

［218］杨超，黄群慧，贺俊．中低技术产业集聚外部性、创新与企业绩效［J］．科研管理，2020，41（8）：142-147.

［219］杨浩昌，李廉水，刘军．制造业聚集、科技创新与行业差异［J］．中国科技论坛，2016（3）：75-80.

［220］杨敏．产业集聚对工业污染排放的影响研究［D］．武汉大学博士学位论文，2017.

［221］杨仁发，李娜娜．产业集聚能否促进城镇化［J］．财经科学，2016（6）：124-132.

［222］杨仁发．产业集聚能否改善中国环境污染［J］．中国人口·资源与环境，2015，25（2）：23-29.

［223］杨汝岱．中国制造业企业全要素生产率研究［J］．经济研究，2015，50（2）：61-74.

［224］杨树旺，江奇胜，易扬．湖北省绿色发展与高新技术产业集聚的测度

与实证［J］. 统计与决策, 2018, 34（14）: 140-143.

［225］杨桐彬, 朱英明, 刘梦鹤, 等. 资源型城市产业协同集聚、市场化程度与环境污染［J］. 产业经济研究, 2020（6）: 15-27, 112.

［226］姚战琪. 产业集聚对我国区域创新影响的门槛效应研究［J］. 学术论坛, 2020, 43（3）: 72-81.

［227］叶云岭, 邓洲, 魏继石. 长江经济带制造业集聚水平影响因素研究——基于专业化集聚与多样化集聚的比较视角［J］. 经济纵横, 2022（7）: 85-96.

［228］叶云岭, 吴传清, 张力伟. 制造业集聚、空间知识溢出与城市创新绩效——来自中国 283 个城市的证据［J］. 统计与决策, 2023, 39（3）: 73-77.

［229］叶云岭, 吴传清. 中国收缩型城市的识别与治理研究［J］. 学习与实践, 2020（5）: 32-41.

［230］叶振宇. 中国制造业集聚与空间分布不平衡研究——基于贸易开放的视角［M］. 北京: 经济管理出版社, 2013.

［231］尹希果, 刘培森. 中国制造业集聚影响因素研究——兼论城镇规模、交通运输与制造业集聚的非线性关系［J］. 经济地理, 2013, 33（12）: 97-103.

［232］于文超, 高楠, 查建平. 政绩诉求、政府干预与地区环境污染——基于中国城市数据的实证分析［J］. 中国经济问题, 2015（5）: 35-45.

［233］余东华, 吕逸楠. 政府不当干预与战略性新兴产业产能过剩——以中国光伏产业为例［J］. 中国工业经济, 2015（10）: 53-68.

［234］余丽丽, 潘安. 价值链互动与反馈视角下中国部门增加值出口攀升研究［J］. 数量经济技术经济研究, 2021, 38（1）: 61-82.

［235］余昀霞, 王英. 中国制造业产业集聚的环境效应研究［J］. 统计与决策, 2019, 35（3）: 129-132.

［236］原毅军, 谢荣辉. 产业集聚、技术创新与环境污染的内在联系［J］.

科学学研究，2015，33（9）：1340-1347.

[237] 曾先锋. 中国工业增长因素研究 [M]. 北京：科学出版社，2017.

[238] 张彩江，覃婧，周宇亮. 技术扩散效应下产业集聚对区域创新的影响研究——基于两阶段价值链视角 [J]. 科学学与科学技术管理，2017，38（12）：124-132.

[239] 张莘. 产业集聚与创新：命题梳理与微观机制分析 [J]. 科学管理研究，2010，28（3）：1-4.

[240] 张俊. 高铁建设与县域经济发展——基于卫星灯光数据的研究 [J]. 经济学（季刊），2017，16（4）：1533-1562.

[241] 张可，豆建民. 集聚与环境污染——基于中国 287 个地级市的经验分析 [J]. 金融研究，2015（12）：32-45.

[242] 张可，豆建民. 工业集聚有利于减排吗 [J]. 华中科技大学学报（社会科学版），2016，30（4）：99-109.

[243] 张可，豆建民. 集聚对环境污染的作用机制研究 [J]. 中国人口科学，2013（15）：105-116，128.

[244] 张莉，何晶，马润泓. 房价如何影响劳动力流动？[J]. 经济研究，2017，52（8）：155-170.

[245] 张丽华，林善浪. 创新集聚与产业集聚的相关性研究 [J]. 科学学研究，2010，28（4）：635-640.

[246] 张学良. 中国交通基础设施促进了区域经济增长吗——兼论交通基础设施的空间溢出效应 [J]. 中国社会科学，2012（3）：60-77，206.

[247] 张治栋，秦淑悦. 产业集聚对城市绿色效率的影响——以长江经济带 108 个城市为例 [J]. 城市问题，2018（7）：48-54.

[248] 赵海霞，王梅，段学军. 水环境容量约束下的太湖流域产业集聚空间优化 [J]. 中国环境科学，2012，32（8）：1530-1536.

[249] 赵儒煜，侯一明. 中国劳动密集型制造业集聚及其影响因素研究

［J］．南昌大学学报（人文社会科学版），2015，46（12）：53-58，77.

　　［250］赵儒煜，石美生．我国制造业集聚转移及影响因素的分析与对策［J］．经济与管理，2013，27（12）：73-76.

　　［251］赵昕东，刘成坤．人口老龄化对制造业结构升级的作用机制研究——基于中介效应模型的检验［J］．中国软科学，2019（3）：153-163.

　　［252］赵增耀，章小波，沈能．区域协同创新效率的多维溢出效应［J］．中国工业经济，2015（1）：32-44.

　　［253］钟娟，魏彦杰．产业集聚与开放经济影响污染减排的空间效应分析［J］．中国人口·资源与环境，2019，29（5）：98-107.

　　［254］周锐波，石思文．中国产业集聚与环境污染互动机制研究［J］．软科学，2018，32（2）：30-33.

　　［255］周伟，赵艳，宁煊．京津冀城市群制造业结构变迁与空间集聚影响因素分析［J］．地理科学，2020，40（11）：1921-1929.

　　［256］朱东波，李红．中国产业集聚的环境效应及其作用机制［J］．中国人口·资源与环境，2021，31（12）：62-70.

后 记

本书是在我的博士学位论文基础上修改完成的，在此谨向我的恩师、母校、单位表示由衷的敬意和真诚的感谢。本书的出版得到了经济管理出版社的指导和帮助，在此也向各位编辑老师的严谨态度和辛勤付出表示谢意。这是我学术生涯的第一部专著，难免存在欠缺和遗漏之处，因此也借本书出版之机，诚挚地欢迎各位专家学者给予宝贵的指导意见。

叶云岭

2023 年 7 月